TDAH

Trastorno por Déficit de Atención con Hiperactividad

¿Verdad o Invención?

Marcus Deminco

Traducido por Alejandro Martinez Salles
Copyright © 2019 - Marcus Deminco
Todos Los Derechos Reservados.| Salvador – Bahia – Brazil
ISBN: 9781095173138
Independently Published

ÍNDICE

Nota Sobre Esta Edición

SE ESTIMA QUE, actualmente, el Trastorno por Déficit de Atención con Hiperactividad. (**TDAH**) afecta aproximadamente el 2,5% de los adultos y alrededor del 3 al 7% de los niños en edad escolar en todo el mundo. Considerando estos números alarmantes y las constantes noticias que ponen en duda la existencia del **TDAH**, y otras que afirman que existe un elevado aumento en el consumo de la droga Ritalín para el tratamiento del **TDAH** desencadenando diversos casos de dependencia.

Dada la importancia de estas informaciones, además del gran aumento en la prevalencia de lo trastorno entre niños y adultos, el principal objetivo de este libro no es sólo dilucidar de manera sobria esas polémicas a través de argumentos contundentes y actuales, como también hacer accesible una gran variedad de instrumentos (Pruebas, cuestionarios, escalas, etc.) que permitan una mejor evaluación sobre la posibilidad de la existencia del Trastorno por Déficit de Atención con Hiperactividad (**TDAH**) en niños, jóvenes y adultos. El libro contiene aún una lista con algunas celebridades que conviven con el **TDAH**, y diversos testimonios emocionantes de personas diagnosticadas con el trastorno.

Sin embargo, de ninguna manera, los recursos disponibles aquí, aunque de gran valimiento, poseen el carácter de aseverar cualquier diagnóstico. Es importante señalar que el diagnóstico del **TDAH** es estrictamente clínico, y ninguna herramienta aislada sustituye el análisis observacional minucioso y una anamnesis específica realizada por un profesional especializado, capacitado y experimentado. Es importante destacar también que - en virtud de buena parte del contenido de ese libro haber sido traducido de otros idiomas - posiblemente, algunas expresiones y / o fragmentos aparenten una pequeña Imprecisión y / o ambigüedad de lenguaje.

¡BUENA LECTURA!

Sobre el Autor

Marcus Deminco (Salvador - BA, Brasil. Set, 28 de 1976) es un escritor y psicólogo brasileño; Doctor Honoris Causa en el Trastorno por Déficit de Atención con Hiperactividad (**TDAH**); Tutor de Programación Neurolingüística (NLP), autor de artículos científicos para el Portal de Psicólogos. (el sitio de psicología más grande de  Portugal) Dueño de varias frases, textos y pensamientos compartidos en redes sociales y sitios web. Además, Marcus Deminco es también el autor de los libros:

1. Yo y mi amigo DDA - Autobiografía de un portador del Trastorno por Déficit de Atención con Hiperactividad
2. El secreto de Clarice Lispector. (Edición portuguesa)
3. El secreto de Clarice Lispector (English Edition)
4. VERTYGO - El suicidio Lukas (portugués Edición)
5. VERTYGO - The Suicide of Lukas. (English Edition)
6. Helen Palmer - Una sombra de Clarice Lispector (portugués Edición)
7. La sombra de Clarice Lispector (English Edition)
8. El trastorno bipolar - Información general (portugués Edición)
9. Bipolar Desorden - General Aspects (English Edition)
10. PNL - Lo primero es lo primero (edición portuguesa)
11. Neuro-Linguistic Programming - Beginning by the Beginning (English

Edition)

12. Mensajes para publicar, disfrutar y compartir. Vol. 1
13. Mensajes para publicar, disfrutar y compartir. Vol. 2
14. Mensajes para publicar, disfrutar y compartir. Vol. 3
15. Colección de textos en E-Cards. Vol. 1
16. Colección de Textos en E-Cards. Vol. 2

Premios y Homenajes

a) Autor de "Estafeta Sem Rumo" — Premio de Antología Cecilio Barros Pessoa — Academia de Letras, Artes y Ciencias de Arraial do Cabo, RJ.

b) Doctor Honoris Causa en **TDAH** por la Asociación Brasileña de Medicina Psicosomática en reconocimiento a la contribución científica y relevancia social del libro: Yo y Mi Amigo DDA - Autobiografía de un Portador con Trastorno por Déficit de Atención con Hiperactividad.

c) Uno de los ganadores del premio de poesía contemporánea Além da Terra, Além do Céu otorgado por la Editorial Chiado (Portugal).

Hable con Marcus Deminco

E-mail: marcusdeminco@gmail.com
Website: http://marcusdeminco.com/
Blog: http://marcusdeminco.blogspot.com.br/
Twitter: https://twitter.com/marcusdeminco
Facebook: https://www.facebook.com/marcus.deminco
Pinterest: https://www.pinterest.com/marcusdeminco/
Instagram: @marcusdeminco
Youtube: https://www.youtube.com/channel/UCRu8yfSoLewjuX6GO6o7Nmw
G+: https://plus.google.com/u/0/114858320913983491464
Tumblr: http://deminco.tumblr.com/
Flickr: https://www.flickr.com/photos/143729713@N06/with/28004881736/
GoodReads: https://www.goodreads.com/author/show/7792932.Marcus_Deminco/
Pensador: https://pensador.uol.com.br/autor/marcus_deminco/

Las Polémicas Noticias Sobre El TDAH Y La Ritalín

De repente, varias celebridades de todo el mundo diagnosticadas con el Trastorno por Déficit de Atención con Hiperactividad (**TDAH**) comenzaron a hacer públicos detalles sobre sus vidas y experiencias con el trastorno. Entre los famosos, Steve Jobs, Bill Gates, Steven Spielberg, Tom Cruise, Jim Carrey, Justin Timberlake, Will Smith, Danny Glover, Sylvester Stallone, Michael Jordan, Michael Phelps, Simone Biles, etc...

En consecuencia, el **TDAH** llegó a simbolizar una condición mucho menos despectiva que las ideas primitivas vinculadas a las limitaciones y/o discapacidades. Aquellos que poseían el trastorno, adquirían incluso un cierto "status" de inteligencia, de prodigiosidad. Por ser una condición más frecuente entre diferentes personas, atletas talentosos, creativos, extraordinarios, etc.

Sin embargo, si el entonces reloj que nunca había medido mí tiempo de acuerdo con la cronología ordinaria de otros hombres estaba finalmente sincronizado; si en ese mismo momento, quizás por primera vez en toda mi vida, estaba en perfecto acuerdo con los acontecimientos del mundo contemporáneo, tenía poco tiempo para disfrutar de esa puntualidad sin pretensiones. Porque, casi simultáneamente, también empezaban a surgir innumerables historias, tratando de desentrañarme, de dejarme fuera de la única situación en la que no había llegado tarde. Como si quisieran volver a ponerme en el puesto de retardado, varios factores comenzaron a revelar que ese desorden que tenía diagnosticado hace once años, pero que ahora en plena forma, en la ocasión más propicia, simplemente no existiría.

Sin embargo, entre las más variadas y fabulosas noticias, algunas merecen - incluso en caso de fallecimiento recíproco - un cierto destaque. Durante el primer semestre de 2013, por ejemplo, un titular replicado por varios medios de comunicación, preguntaba y respondía al mismo tiempo: "¿Por qué los niños franceses no tenían déficit de atención?" En su contenido descriptivo, los informes afirmaban - con la propiedad de alguien que a lo sumo podría suponerlo - que la filosofía educativa, junto con un enfoque psicosocial holístico por parte de expertos franceses en salud mental, hacía que el **TDAH** simplemente desapareciera, o que fuera capaz de reducir su incidencia en números diminutos.

Pero como ignorar su propia ignorancia es la característica principal de los ignorantes, movidos por una urgencia irracional de desvelar ligeramente toda su estupidez, estos periodistas, columnistas, blogueros y muchos otros analfabetos funcionales, autoinstruidos por la presunción de lo que creen saber -sin siquiera saber exactamente lo que piensan- ni siquiera se molestaron en investigar el origen de estas fuentes, o en investigar -incluso si fue a través de una búsqueda rápida por parte de Google- la veracidad de la estupidez antes de reproducirla. Pero, como ya dijo Aristóteles: "El ignorante afirma, el sabio duda y el sabio reflexiona". Y aunque no simpatizo mucho con la sabiduría, a veces - incluso por rabietas - soy lo suficientemente testarudo como para actuar en total desacuerdo con lo que a mí mismo no me gusta, solo para finalmente ser capaz de reflexionar de forma ponderada:

Después de todo, ¿por qué habría una Asociación Francesa de Déficit de Atención si el trastorno ni siquiera era frecuente allí? ¿O por qué tendría una página en Facebook (HyperSupers - **TDAH** France) con más de 18.000 miembros, fundada desde el 5 de febrero de 2002 con la misión de ayudar a las personas afectadas por **el TDAH**? ¿Asistirían los especialistas de la Asociación Francesa para el Déficit de Atención en ausencia de personas con **TDAH**, produciendo artículos científicos, proporcionando servicios de información y guiando a los insectos hiperactivos?

Otros informes, no menos irresponsables e igualmente extravagantes, afirmaban que varios jóvenes utilizarían Ritalín (Clorhidrato de Metilfenidato) para estar más iluminados y de buen humor en fiestas como las *Raves* y los carnavales. En uno de estos temas, incluso mencionaron el caso de un joven enfermero que dijo que se sentía deseado, guapo y con una sensación de poder -además de experimentar un escalofrío como antes de un orgasmo- cada vez que tomaba el medicamento. Otro tipo dijo que hacía uso de la medicina antes de salir a los clubes, asegurándose de que bajo el efecto del Ritalín llegaba a las fiestas besando a todo el mundo.

Confieso - con el sarcasmo contradictorio de la seriedad de quienes confiesan algo realmente importante - que frente a todos estos casos, yo estaba irónicamente preocupado: o me estarían vendiendo el medicamento falsificado o la píldora que tomé diariamente durante tantos años sería cualquier otro medicamento, excepto ese Ritalín con tantos poderes mágicos. Primero, porque su propia fármaco dinámica causa mucho más un efecto apático que excitatorio. Al menos así es como funciona el ingrediente activo de Ritalín en mi cuerpo. Según esto, la indolencia, la disminución del deseo sexual, la xerostomía (sequedad de la boca), el empeoramiento de la sociabilidad, la mayor tendencia a la irritabilidad, además del efecto conocido como "visión de túnel" (cuando la persona se detiene tan intensamente en algo e ignora a todas las demás cosas y a las personas que la rodean), no parecen ser sensaciones de lo más placenteras, ni tan libidinosas como para que alguien quiera andar por ahí con tanto entusiasmo.

Como si no fuera suficiente, o como si no fuera suficiente, a veces se reprodujo en innumerables páginas web que no tenían nada más útil para difundir sino la misma vieja noticia, anticuada y ya negada durante años: la imagen de un hombre burlesco, que ilustra el título: "El Dr. Leon Eisenberg, el padre del **TDAH**, dijo justo antes de su muerte que el **TDAH** es una enfermedad ficticia".

Dejando de lado toda inconsistencia inmersa en las palabras que encabezan esta noticia. Después de todo, un padre que declarara que su propio hijo es una ficción inventada por él mismo estaba, como mínimo, fuera de lugar para que creyeran, de antemano, tanta veracidad sobre el contenido de las noticias. Sin embargo, siempre que se dejaba tiempo al lado negativo de la falta, terminaba por no contenerme en la replicación de algunos de estos sitios. En una de ellas -a través del espacio destinado a críticos, sugerencias y comentarios- decidí reorganizar a su columnista, una consultora farmacéutico y bioquímico.

Inicialmente, declaré que en la traducción del texto original al alemán, ella (o algún otro traductor igualmente incompetente) había modificado toda la veracidad de los hechos: lo que realmente se dijo, en el lugar donde se dijo, cuando se dijo y por quién se dijo. Por ejemplo, el título en sí mismo no es coherente con la verdad, ni con la información que la autora presenta en su propio texto: "La confesión en el lecho de muerte del inventor del **TDAH**: el **TDAH** es una enfermedad ficticia [...] A los 87 años de edad y siete meses antes de su muerte, el padre científico del **TDAH** declaró en su última entrevista: El **TDAH** es un excelente ejemplo de enfermedad ficticia".

En primer lugar, porque la alegación de que el Dr. Leon Eisenberg había declarado esto habría puesto la fecha de su enunciación alrededor de febrero de 2009. Sin embargo, en cuanto a la documentación para la supuesta cita se proporciona en inglés, la afirmación de que **el TDAH** sería una enfermedad manufacturada, se refiere a una entrevista realizada el 2 de agosto de 2012 con el Profesor de Psicología de la Universidad de Harvard, Dr. Jerome Kagan. Y con el título, Entrevista de Spiegel con Jerome Kagan: What about Tutoring Instead of

Pills? (¿Qué hay de las explicaciones en lugar de las píldoras?), una sola respuesta **(1.2)** del entrevistado fue suficiente para finalmente negar que las noticias tan plagiadas, anticuadas, recurrentes y que molestan a cada una de las personas con **TDAH.**

(1.1) Spiegel: Los expertos dicen que 5.4 millones de niños estadounidenses tienen síntomas típicos de **TDAH**. ¿Estás diciendo que este trastorno mental es solo un invento?

(1.2) Kagan: Es correcto; es una invención. Cada niño que no está bien en la escuela es enviado a ver a un pediatra, y el pediatra dice: "Es **TDAH**, aquí está el Ritalín." De hecho, el 90% de estos 5.4 millones de niños no tienen un metabolismo anormal de dopamina. El problema es que si el medicamento está disponible para los médicos, ellos harán el diagnóstico correspondiente.

Mientras que otro artículo – no publicado en el sitio, sino reproducido por el periódico **Der Spiegel** - dejaba claro que el Dr. Eisenberg nunca afirmó que el **TDAH** fuera un trastorno irreal. De hecho, solo había dicho que: "La predisposición genética del **TDAH** está completamente sobreestimada."

Luego, tan serio como mi bulliciosa impulsividad logró frenar todo el ímpetu de mi ironía verbal, le presenté a la entonces columnista, el enlace a un sitio, donde la gente, mucho más arraigada que ella, presentaba argumentos (poco consistentes, pero que ya validaban más que todas estas noticias sin fundamentos) con la intención de probar la inexistencia de las jirafas. Afirman que estos animales, cuando aparecen en películas, son meros ensamblajes, mientras que los de los zoológicos, en el mejor de los casos, serían especies de robots. Y consideran idiotas a todos los que creen en la existencia del animal. Finalmente, le expliqué que tal vez el absurdo que se le reveló frente a estas personas que no creían en las jirafas era tan incoherente para mí como aquellos que no creían en la veracidad del **TDAH**.

Sin embargo, debo admitir que, inmensamente más ruinoso que todas estas noticias deletéreas, ocurre cuando el descrédito surge, precisamente, de aquellas personas más cercanas a vuestra realidad. Como se ha informado anteriormente, en el libro *Tendencia A La Distracción*, Edward Hallowell y John Ratey (1999) esto se menciona incluso entre los primeros de los problemas más comunes en el tratamiento del **TDAH**:

> Algunas personas, especialmente importantes en la vida - padre, madre, cónyuge, maestro, empleador, amigo- no aceptan el diagnóstico del **TDAH**. Ellos no "creen" en el **TDAH** y no quieren discutir sobre ello. Es como si fuera en contra de su religión o visión del mundo. Hacen que la

persona con **TDAH** se sienta como un fraude o un impostor. Este tipo de respuesta de los incrédulos puede socavar tanto la esperanza que acompaña al diagnóstico como el tratamiento. A menudo oímos variantes del tipo: "No existe tal cosa como un **TDAH**. Es solo una excusa para la pereza". Lo importante es la información. Aténgase a los hechos. Preste atención a los hechos, usándolos para enfrentar la superstición, los rumores, el qué dirán, los prejuicios y la desinformación. Trate de evitar los debates incendiarios. Es común usar objeciones diagnósticas para ocultar problemas emocionales. Puede haber enojo en la persona diagnosticada. Puede haber resentimientos hacia la persona por todos sus errores y puede no haber deseo de que escape fácilmente con un diagnóstico. Quieren castigo y por esta razón están cada vez más enojados con la noción de **TDAH**, tratando de desacreditarla. En esos momentos es mejor quedarse con la ciencia, así que manténgase al tanto de los hechos que hay sobre el **TDAH**. En algún momento los sentimientos de enojo deben ser tratados por lo que son: el enojo usualmente surge del comportamiento irritante del pasado por parte de la persona con **TDAH**. Esos sentimientos son perfectamente comprensibles y válidos. Sin embargo, no deben utilizarse para invalidar un diagnóstico correcto de **TDAH**.

También confieso - en contra de toda mi voluntad de omitirlo - que el deshonor en mi condición nunca se ha limitado solo al **TDAH**. Ni siquiera tuve una percepción plena de todo el daño que me había costado toda una vida académica con dislexia. Desde el bajo rendimiento escolar hasta el malentendido de casi todo lo que leí y/o escribí. Desencadenar problemas graves caracterizados por el reconocimiento preciso o fluido de palabras, problemas de decodificación y dificultades ortográficas. Como afirma Willcut (2001), la presencia del **TDAH** aumenta significativamente el deterioro del procesamiento de la lectura en pacientes disléxicos: la lectura requiere una atención considerable para seleccionar la información relevante e ignorar los estímulos menos importantes. Las personas con **TDAH** en comorbilidad con dislexia presentan más problemas de comportamiento, menor autoestima, mayor incidencia de abandono escolar y un peor pronóstico en comparación con el grupo con **TDAH** o dislexia sola.

> La dislexia es la discapacidad de aprendizaje más común (TA), que ocurre en aproximadamente el 8% de los niños en edad escolar. Las estimaciones más conservadoras apuntan a la prevalencia del TA en aproximadamente el 25% de los niños con **TDAH**. Tanto el **TDAH** como la dislexia están asociados con múltiples déficits neuropsicológicos, en particular con deficiencias de las funciones ejecutivas (WILLCUT, 2001).

No sé si por la ausencia de autocompasión que nunca me incitó a la vocación de interpretar a la víctima, o porque para mí siempre se me ha dado el papel de comprender el desorden de todos los que me rodean. Sin embargo, la prevalencia de la verdad es que, sin nunca darme cuenta de la profunda vergüenza que ese tipo de descuido de mi condición me causó, el 25 de noviembre de 2013, recibí de una "persona cercana a mi realidad", un correo electrónico con el enlace a una entrevista, tan absurdo y abstracto como algunos ya citados anteriormente:

El uso indiscriminado de Ritalín puede causar `genocidio del futuro', dice un pediatra.

Indicado para tratar a pacientes con Trastorno por Déficit de Atención con Hiperactividad (**TDAH**), Ritalín ha sido indicado de forma incontrolada en el país. Actualmente, Brasil ocupa el segundo lugar en el mundo en consumo de drogas, por detrás de Estados Unidos. En el caso de los niños, que tienen el cuerpo aún en crecimiento, el riesgo es aún mayor. "Se habla mucho de que si el niño no es tratado, se convertirá en un adicto a las sustancias químicas o en un delincuente. No hay datos que digan eso. Entonces no hay pruebas de que funcione. Al contrario, no funciona. Y lo que está sucediendo es que el diagnóstico de **TDAH** se está haciendo con un porcentaje muy grande de niños, indiscriminadamente", dice la pediatra María Aparecida Affonso Moysés, profesora del Departamento de Pediatría de la Facultad de Ciencias Médicas (FCM) de Unicamp. El experto dice que si no hay un control más estricto sobre la droga, las generaciones futuras pueden sufrir considerablemente. "Corremos el riesgo de crear un genocidio futuro." Ritalín es un Metilfenidato de la familia de las anfetaminas y su objetivo es mejorar la concentración, reducir la fatiga y acumular más información en menos tiempo. Sucede que la droga puede ser químicamente dependiente, ya que tiene el mismo mecanismo de acción que la cocaína, y está clasificada por la Drug Enforcement Administration (DEA) como narcótica. Las reacciones adversas al uso de drogas ocurren en todo el cuerpo y, en el sistema nervioso central, son más incisivas. "Esto se menciona en cualquier libro de Farmacología. La lista de síntomas es larga. Si el niño ya ha desarrollado dependencia química, puede enfrentar la crisis de abstinencia. También puede tener insomnio, somnolencia, empeoramiento de la atención y la cognición, brotes psicóticos, alucinaciones y el riesgo de cometer incluso suicidio. Estos datos están registrados en la Food and Drug Administration (FDA).

Haciendo caso omiso del nocivo pronóstico utilizado como título de la entrevista, inicialmente, el ligero descuido del pediatra al mencionar solo el nombre de comercialización de uno de los medicamentos, Ritalín, en lugar de aludir a su ingrediente activo, el Clorhidrato de Metilfenidato, que además de cubrir los nombres comerciales de los otros tipos de Metilfenidatos disponibles en el Brasil, daría a los lectores una mayor comprensión en cuanto a la diferenciación de su dosificación, de los laboratorios de fabricación y, sobre todo, en cuanto a su tiempo de acción:

a) **Ritalín® 10 mg.** (Laboratorio Novartis): Metilfenidato de acción corta, con efecto, de 3 a 5 horas;

b) **Ritalín® LA 20, 30 y 40 mg.** (Laboratorio de Novartis): Metilfenidato de acción prolongada, con efecto de aproximadamente 8 horas;

c) **Concerta® 18, 36 o 54 mg.** (Laboratorio Janssen-Cilag): Metilfenidato de acción prolongada, con efecto, de 10 a 12 horas;

Al declarar que el fármaco está "indicado para tratar a los portadores del Trastorno por Déficit de Atención con Hiperactividad (**TDAH**)" - aunque puede, pero no debe considerarse como un error grave - la mera omisión del término "trastorno" o "disturbio" que precede a la expresión "déficit", ya en el uso de la vocal "y" al entorno de las palabras "atención" e "hiperactividad", parece ignorar la existencia de casos en los que el trastorno se produce sin la presencia de hiperactividad. Por ello, desde 1994 la *Asociación Psiquiátrica Americana* (APA) ha adoptado el término Trastorno por Déficit de Atención con Hiperactividad, con el uso de la barra que precede a "Hiperactividad" como demostración de que el trastorno puede surgir con o sin hiperactividad, aunque la hiperactividad es el síntoma que más define esta condición. Todavía en este mismo extracto, ella también demuestra no saber que además del **TDAH**, el Metilfenidato se utiliza en el tratamiento de casos de Narcolepsia e Hipersomnia idiopática.

Luego, cuando dice que "el Ritalín ha sido indicado de manera incontrolada en el país. Actualmente, Brasil ocupa el segundo lugar en el mundo en consumo de drogas, por detrás de Estados Unidos. Incluso sin mencionar datos, pronósticos, porcentajes, estadísticas, estimaciones, mentiras, etc., o cualquier tipo de recurso por delante de sus falacias, como cabría esperar de alguien con experiencia en lo que dice, sigue logrando la increíble hazaña de cometer graves errores numéricos por el mero descuido de lo que no sabe. Aunque entre septiembre de 2011 y octubre de 2012, el consumo de Metilfenidato en Brasil ha mostrado un aumento significativo de 1.853.930 de cajas vendidas, hay dos factores antagónicos, pero igualmente lógicos que el pediatra ciertamente no conoce. O si tiene conocimiento - a diferencia de la normalidad de los que saben de lo que hablan - ha preferido demostrar su inutilidad:

1º. A pesar del gran aumento en la venta de Metilfenidato, si consideramos los datos relativos a la prevalencia del **TDAH** en Brasil de alrededor de 17 millones de personas, incluso con todas estas 1.853.930 cajas, cerca de 30 mil pacientes solo estarían bajo tratamiento con Metilfenidato en el país.

2º. Sin embargo, es imposible saber si realmente hay un exceso en el consumo de Metilfenidato en el país, sin conocer primero la cantidad de medicamento que se utiliza para tratar los casos de Narcolepsia e Hipersomnia idiopática, el porcentaje de personas diagnosticadas con **TDAH** que están siendo tratadas con Metilfenidato, adivinar (ya que no se puede saber) cuántas cajas se adquieren ilegalmente, tener acceso a la cantidad de Metilfenidato suministrada al Sistema Único de Salud (SUS) (que no se contabilizan en las encuestas) y solo entonces, hacer una correlación entre todos estos datos con la prevalencia del **TDAH** en el país.

3º. Todo ello sin tener en cuenta el hecho de que el entrevistado ignora por completo el factor agravante de que, a diferencia de otros países, en Brasil solo hay Metilfenidato como fármaco de primera elección disponible para el tratamiento del **TDAH**. Esto inevitablemente aumenta su consumo.

Mencionando vagamente, como lo hace a lo largo de todo el texto: "Se habla mucho de que, si el niño no es tratado, se convertirá en un adicto a las sustancias químicas o en un delincuente. No hay datos que digan eso. Entonces no hay pruebas de que funcione. Al contrario: no funciona". Bueno... En cuanto al extracto en el que el falso especialista menciona los riesgos de la falta de control, afirmando: "[...] si no hay un control más estricto sobre la droga, las generaciones futuras pueden sufrir considerablemente. Confieso que no sé si la reforma ortográfica ha cambiado tanto la conjugación del verbo 'tener', ni si ha sido conjugado por sí mismo, ni si ha sido transcrito por alguien igualmente estúpido.

Más adelante, aparte del uso de expresiones hipotéticas, cuando se afirma que el medicamento no funciona, además de contradecir los numerosos artículos científicos disponibles, generalmente en el mundo académico cuando afirmamos o discrepamos con algo, debemos presentar algún tipo de recurso técnico y/o científico (investigaciones, artículos, etc.) para apoyar lo que defendemos. A diferencia de los verdaderos expertos, ni siquiera utiliza *Wikipedia* como reclamo de su fuente de recopilación de datos para apoyar sus argumentos.

Al decir que "Ritalín es un Metilfenidato de la familia de las anfetaminas, y su objetivo es mejorar la concentración, reducir la fatiga y acumular más información en menos tiempo. Sucede que la droga puede traer dependencia química, porque tiene el mismo mecanismo de acción de la cocaína, y está clasificada por la **DEA** como narcótica", expresa el entrevistado exactamente lo contrario de lo que muchos estudios afirman: La eficacia del Metilfenidato ha demostrado su acción en la reducción de los síntomas de déficit de atención, en el mejor rendimiento de las actividades motoras, en la reducción de la hiperactividad, en el control de los impulsos y - hasta el extremo opuesto de lo que le dice al acusado - en el uso del Metilfenidato, los tipos de liberación prolongada, proporcionan incluso una inhibición del abuso de drogas.

Ya en "reducir la fatiga y acumular más información en menos tiempo", o bien sufre algún tipo de alienación mental, o bien carece de una capacidad razonable para comprender alguna realidad fuera de sus opiniones personales. Por ineptitud, ignorancia o incompetencia, el pediatra cita entidades con atribuciones que no son de su competencia. En Estados Unidos, la *Drug Enforcement Administration* (DEA) no es la institución responsable de clasificar las drogas. La misión de la DEA es hacer cumplir las leyes relativas a las sustancias controladas y supervisar a las organizaciones y/o individuos involucrados en la fabricación y/o distribución de estas sustancias. De hecho, la *Food and Drug Administration* (FDA), la agencia de vigilancia de la salud de los Estados Unidos, es responsable de la clasificación de los medicamentos.

En cuanto a la analogía que trata de crear entre la **Cocaína**, la **Anfetamina** y el **Metilfenidato**, es importante señalar que en el Brasil solo se comercializan legalmente dos anfetaminas: la dextroanfetamina y la metanfetamina. Y aunque las tres sustancias tienen fórmulas químicas similares:

(A) Metilfenidato ($C_{14}H_{19}NO_2$)

(B) Anfetamina ($C_9H_{13}N$)

(C) Cocaína ($C_{17}H_{21}NO_4$)

Son totalmente diferentes de la farmacocinética (vía de administración, absorción, biotransformación, biodisponibilidad y excreción). También son distintos en cuanto a las principales sustancias químicas (neurotransmisores) que interactúan, cómo interactúan. Y, sobre todo, actúan en diferentes regiones del cerebro. Mientras que el Metilfenidato actúa en las capas externas del cerebro, conocidas como la región cortical (un lugar relacionado con las funciones de la memoria, la atención, la conciencia, el lenguaje, la percepción y el pensamiento), la cocaína y la anfetamina actúan en el *Núcleo Accumbens*, parte del "sistema de recompensa" (una de las principales áreas responsables de la predisposición a la dependencia química y física). La cocaína y la anfetamina son Inhibidores de la Monoamino Oxidasa (IMAOs) que promueven una mayor disponibilidad de noradrenalina y serotonina en la hendidura sináptica (espacio entre dos neuronas). El Metilfenidato, por otro lado, es un Inhibidor de la Recaptación de Dopamina (DA); sin embargo, además de no activar el "sistema de recompensa", actúa más en la modulación de los niveles de dopamina que en la noradrenalina.

De una manera burda - propagada solo por el sentido común - de la que presumo derivar el inexistente conocimiento del pediatra, se puede decir que el Metilfenidato funciona por lo que se suele llamar un "efecto paradójico", es decir, es un psicoestimulante, pero que tiene un efecto opuesto. Incluso reproducidos por periodistas y/o profesionales no especializados, sin mencionar referencias, sin informar sobre artículos científicos ni presentar investigaciones que validen sus falsas afirmaciones, este tipo de materiales calumniosos - de alguna manera irresponsables y alienantes - transmiten a los lectores la falsa idea de que puede haber dudas sobre la existencia del **TDAH**.

Afirmar que el **TDAH** no existe, así como decir que las drogas utilizadas para su tratamiento son "peligrosas" más allá de la demostración explícita de ignorancia, puede configurarse como un delito, porque transmite información errónea sobre el tema de la salud pública. Reproducir noticias erróneas, al tiempo que se omiten cientos de datos científicos que documentan los beneficios, la eficacia y la seguridad de los fármacos utilizados en el tratamiento del **TDAH**, no solo dificulta y retrasa el acceso de la población al diagnóstico y al tratamiento, sino que también pone de manifiesto la mala fe, la falta de compromiso con los principios básicos del periodismo y expresa una de las formas más perversas de discriminación contra las personas que sufren de trastornos mentales y/o discapacidades: la psicofobia.

La Organización Mundial de la Salud (OMS) define la salud mental como un estado de bienestar en el que el individuo es capaz de ejercitar sus habilidades, manejar los acontecimientos estresantes normales de la vida, trabajar productivamente y contribuir a su comunidad. Un trastorno mental, por lo tanto, puede ser entendido como una condición médica que altera este estado causando daño al desempeño general del individuo. De acuerdo con datos divulgados por la Organización Mundial de la Salud (OMS), los trastornos mentales alcanzan a unos 700 millones de personas en el mundo, representando el 13% del total de todas las enfermedades.

En cuanto a la existencia y veracidad del **TDAH**, cabe mencionar que, además de estar reconocido oficialmente por la Organización Mundial de la Salud (OMS), el **TDAH** también está validado por un Consenso Internacional: producción científica publicada tras extensos debates entre investigadores de diferentes culturas e instituciones, y que no necesariamente comparten las mismas ideas sobre todos los aspectos de un trastorno. Según la *Asociación Americana de Psiquiatría*, el **TDAH** es uno de los trastornos mejor investigados en medicina, y los datos generales sobre su validez son mucho más convincentes que la mayoría de los trastornos mentales, e incluso que muchas afecciones médicas.

En la actualidad, el **TDAH** es el motivo más frecuente entre los niños y adolescentes remitidos para su atención en servicios especializados. Se estima que afecta al 2,5% de los adultos, alrededor del 3 al 7% de los niños en edad escolar (de 6 a 12 años) en todo el mundo, y en más del 68% de los casos el trastorno permanece de por vida.

Según el Manual Diagnóstico y Estadístico de los Trastornos Mentales en su quinta edición (DSM-V), el **TDAH** es más común en los hombres que en las mujeres, en la proporción de 2:1 en los niños y 1.6:1 en los adultos. Las características relacionadas con la falta de atención tienen una mayor incidencia en las mujeres, mientras que los síntomas relacionados con la hiperactividad y la impulsividad se observan más en los hombres. En los niños con **TDAH**, más del 50% de los casos se presentan con la presencia de - al menos - algún otro trastorno comórbido, y aproximadamente el 10% de ellos desarrollan tres o más comorbilidades. Las investigaciones indican que entre los niños, los más frecuentes son:

- Trastorno de Oposición Desafiante – 40 %.
- Trastornos de Ansiedad – 34%
- Trastorno de Conducta – 14%
- Trastornos del Aprendizaje (lectura, cálculo o escritura) – 10 a 25%.
- Trastorno de Tics – 11%.
- Trastornos de humor – 4%

Entre los adultos con **TDAH**, las comorbilidades afectan aproximadamente al 70% de los pacientes, de los cuales el 97% tiene hasta cuatro trastornos comórbidos. Los estudios indican que por cada cinco adultos que reciben tratamiento para algún otro trastorno, al menos uno de ellos tiene **TDAH**. Entre las comorbilidades más comunes observadas en adultos se encuentran:

• Depresión – 20 a 30%
• Trastorno de Ansiedad – 20 a 30%
• Consumo de Sustancias – 25 a 50%
• Fumar – 40%
• Trastorno de Personalidad Antisocial – 25%
• Trastorno del Sueño – 75%

Además de provocar graves pérdidas de productividad y motivación en las actividades académicas y profesionales, así como una disminución de la capacidad de expresión de ideas y emociones, inestabilidad en los distintos tipos de relaciones, pérdida de memoria de rendimiento, aislamiento social, efectos negativos de la propia imagen, etc... El Trastorno por Déficit de Atención con Hiperactividad (**TDAH**) a menudo tiene un número de impactos en el curso de la vida de una persona:

1) Los adultos con **TDAH**, independientemente del nivel educativo, ganan salarios significativamente más bajos que los adultos sin el trastorno. El estudio mostró que la diferencia es de alrededor de 10 mil dólares anuales para los individuos con educación superior y 4 mil para los que solo tienen educación secundaria;

2) El 25% de los adultos con **TDAH** no terminan la escuela secundaria contra el 1% de los adultos sin **TDAH**;

3) Solo el 15% de los adultos con **TDAH** asiste a la universidad, frente a más del 50% de los adultos sin **TDAH**;

4) Los adultos con **TDAH** completan la universidad con menos frecuencia;

5) Los adultos con **TDAH** tienen menos probabilidades de obtener trabajos de tiempo completo que los adultos sin trastorno. Además es responsable del 17% de los 77 mil millones de dólares de pérdidas proyectadas en el estudio. Generando impacto económico en la sociedad;

6) Alrededor del 25% de los estudiantes con **TDAH** tienen problemas de aprendizaje en cualquiera de estos sectores: expresión oral, comprensión, interpretación de textos y matemáticas;

7) 30% de los niños y adolescentes con **TDAH** repiten por lo menos un año escolar, las repeticiones múltiples ocurren en 21%;

8) El 35% de los adolescentes con **TDAH** abandonan la escuela, el 45% son expulsados de la escuela y el 21% repiten el grado;

9) Se estima que el desarrollo emocional de los niños con **TDAH** es aproximadamente un 30% más lento que el de los niños sin el trastorno. Por ejemplo, un niño de 10 años con **TDAH** opera a una madurez de 7 años. Un joven conductor de 16 años con **TDAH** tiene un perfil de decisión de un niño de 11 años;

10) El 65% de los niños con **TDAH** tienen comportamientos desafiantes de autoridad como la hostilidad verbal y las rabietas;

11) Los niños con **TDAH** son con mayor frecuencia víctimas de traumatismos craneales o politraumatismos, intoxicaciones accidentales e ingreso en la UCI debido a estas complicaciones médicas;

12) Los niños con **TDAH** presentan un riesgo 3 veces mayor de accidentes domésticos, 2 veces mayor de traumatismos, suturas y hospitalizaciones y el 20% de ellos son responsables de incendios graves en sus comunidades;

13) Aumento del riesgo de embarazo antes de los 18 años y de las enfermedades de transmisión sexual en jóvenes con **TDAH**;

14) Los jóvenes con **TDAH** tienen un riesgo 4 veces mayor de causar accidentes, 7 veces mayor de sufrir múltiples

accidentes y víctimas, y una incidencia de multas 4 veces mayor (por exceso de velocidad y por no respetar las señales de tráfico);

15) Los jóvenes con **TDAH** están en mayor riesgo de uso, abuso y dependencia de sustancias. En una encuesta, el uso del tabaco fue reportado por el 50% de los jóvenes con **TDAH** contra el 27% de los jóvenes sin el trastorno, el uso del alcohol 40% contra el 28% y el uso de la marihuana 17% contra el 5%;

16) La separación o divorcio ocurre 3 veces más entre padres de niños con **TDAH** que entre padres de niños sin el trastorno;

17) El 49% de los niños con **TDAH** tienen dificultades para relacionarse con otros niños frente al 18% de los controlados (niños sin **TDAH**);

18) El 72% de los niños con **TDAH** tienen conflictos con sus hermanos y otros parientes, en comparación con el 53% de los controlados;

19) El 48% de los niños con **TDAH** pueden adaptarse fácilmente a nuevas situaciones frente al 84% de los controlados;

20) 18% de los niños con **TDAH** reportan tener buenos amigos contra 36% de los controlados;

21) El 52% de los niños con **TDAH** necesitan la ayuda de sus padres con las tareas escolares, en comparación con el 28% de los controlados;

22) El 26% de los niños con **TDAH** necesitan ayuda de sus padres para prepararse para ir a la escuela, en comparación con el 16% de los controlados;

23) Estudios comparativos muestran que los adultos con **TDAH** presentan con más frecuencia: drogadicción (o tóxico dependencia), intento de suicidio, divorcio, desempleo, insatisfacción profesional y desajuste social.

Celebridades Con TDAH

El **TDAH** es uno de los trastornos mentales con mayores recurrencias en el planeta. De pobre a rico, ateo a fanático religioso y personas famosas o anónimos: existen todos perfiles de portadores. Para romper algunos paradigmas sobre el trastorno (como el que se cree que puede impedir a alguien de ser exitoso y eficiente en lo que hace), abajo hay algunos famosos que poseen el **TDAH**. ¡Tal vez usted conozca algunos casos, pero con certeza otros serán muy sorprendentes!

Bruce Jenner – Atleta Olímpico: Luchó en el colegio contra los problemas de atención hasta que ganó una carrera en quinto de primaria. Ser el más rápido de la clase le dio la clave para centrarse y las herramientas para obtener el éxito.

Jamie Oliver – Chef: Fue diagnosticado de **TDAH** cuando era un niño. Es el gran defensor de comidas sanas en los colegios y la erradicación de la comida rápida en la dieta de los niños como manera de hacer frente a los trastornos de atención.

Steve Jobs – Cofundador y presidente ejecutivo de Apple: "Mis padres me entendían. Sintieron una gran responsabilidad cuando advirtieron que yo era especial. Encontraron la forma de seguir alimentándome y de llevarme a colegios mejores. Estaban dispuestos a adaptarse a mis necesidades". Dice de su profesora Teddy: "Ella se convirtió en uno de los santos de mi vida"

Danny Glover – Actor: Recuerda como fue crecer con **TDAH**: `Me hizo sentir como si estuviera en una condición indigna de aprender. Yo no podía ir más allá de sentirme disminuido. Sin embargo, una de las fortalezas fue descubrir mi capacidad para los números, me ayudó a centrarme en algo que yo podía hacer bien`.

David Neeleman – Fundador de la compañía aérea JetBlue: Su **TDAH** le impide estar concentrado en los detalles y completar tareas diarias. Atribuye su éxito a su **TDAH**: `Con el desorden llega la creatividad y la capacidad de pensar fuera de lo ordinario`.

Adam Levine – Vocalista de Maroon 5: Fue diagnosticado de **TDAH** cuando era un adolescente. `Mientras crecía pensé que mi **TDAH** se había ido. Eventualmente, me di cuenta que algo aún estaba ahí. Pude trabajar con mi doctor para controlar los síntomas`.

Howie Mandel – Humorista y presentador: Recuerda no ser capaz de concentrarse o quedarse quieto en clase cuando era niño. Fue diagnosticado de **TDAH** de adulto. Tiene fobia a los gérmenes.

James Carville – Consultor político y comentarista: Conocido por encabezar las campañas políticas de Bill Clinton y Tony Blair. Con frecuencia da charlas para organizaciones como el CHADD.

Jennifer Lawrence – Actriz: `Mi apodo era `nitro` como la nitroglicerina. Era hiperactiva, muy curiosa con todo`. `Cuando mi madre habla de mi infancia siempre dice que había una luz dentro de mí. Sin embargo, cuando fui a la escuela, la luz se apagó`.

Jim Carrey – Actor: Atribuye su carácter de `payaso loco` a su **TDAH**. Consiguió camuflar sus dificultades siendo el payaso de la clase, ya que le resultaba muy difícil ser él mismo.

Justin Timberlake – Cantante: Ganador de un Grammy. Padece **TDAH** mezclado con un TOC. Ambos trastornos no le han impedido componer éxito tras éxito.

Michael Jordan – Jugador de la NBA: `Puedo aceptar fallar, todo el mundo falla en algo, pero no puedo aceptar no intentarlo`, `No puedo dejar de moverme y no puedo estar sin hacer muchas cosas`. `Los doctores y los profesores le dijeron a mi madre que yo no podía hacer nada. Simplemente no podía concentrarme. ¡Se equivocaron!`.

Michael Phelps – Nadador medallista olímpico: Para él la natación es una manera de hacer frente a su **TDAH**. Con apoyo y alabanzas continuas consiguió el aliento que necesitaba para conseguir sus medallas de oro.

Paul Orfalea – Fundador de Kinko´s: Tiene **TDAH** y Dislexia, posibles causantes de su fracaso universitario. Dice que su **TDAH** le ayudó a fundar su empresa y también le ayuda a visualizar globalmente.

Pete Rose – Jugador de Béisbol: Perdió el interés en el colegio cuando los profesores le pusieron la etiqueta de `creador de problemas`. Su **TDAH** no diagnosticado alimentó su adicción a las apuestas. Describe su batalla con el **TDAH** en su libro `Mi prisión sin rejas`.

Michelle Rodriguez – Protagonista de Lost: Piensa que su **TDAH** puede afectar a sus oportunidades como guionista y directora.

Sir Richard Branson – Fundador de Virgin: Su **TDAH** no le ha impedido ser dueño de una gran compañía aérea. Es la prueba viviente de que gente con **TDAH** es un 300% más probable a crear su propia empresa. Puso en marcha su propia revista cuando solo contaba con 16 años.

Solange Knowles – Cantante, hermana de Beyonce: Cuando se enteró que tenía **TDAH** no creía que era un trastorno. Es una persona muy energética que dice: `La gente piensa que estoy `High` incluso cuando no he bebido nada`.

Ryan Gosling – Actor, escritor y músico: Su madre acabó educándolo en casa durante un año. No tenía amigos y era acosado en la escuela primaria. `Era incapaz de leer, fue muy frustrante. No podía absorber nada de información, así que causé problemas`.

Terry Bradshaw – Exjugador de futbol americano: Luchó desde su niñez contra el **TDAH**. Fue diagnosticado por depresión después de admitir que sufría ataques de ansiedad en los partidos. Habla con frecuencia contra los estigmas de los trastornos mentales.

Ty Pennington – Presentador de Extreme Makeover: Fue diagnosticado de **TDAH** cuando estaba en la universidad. La carpintería le ayuda a enfocarse. Ty dice que la parte más difícil de tener **TDAH** era la misma escuela y en todas las tareas relacionadas, como la lectura, por ejemplo. Leyó un libro, pero no podía recordar lo que acababa de leer.

Uriel Adriano – Taekwondo: De niño hiperactivo a Campeón del Mundo de Taekwondo. Su primer contacto con el Taekwondo fue por casualidad. Una respuesta a su hiperactividad. De niño sus padres decidieron inscribirlos en clases de Taekwondo. Tanta energía no era normal. `Me demostré a mí mismo que sí puedo. Mi filosofía es siempre pensar que puedes llegar hasta lo más alto, porque solo de esa manera se concretan los sueños`.

Will Smith – Actor: En su adolescencia era siempre `el niño divertido que tenía problemas de atención`. "Yo era un estudiante de notables cuando podía haber conseguido sobresalientes Clásico alumno de bajo rendimiento". "Era duro para mí leer un libro entero en dos semanas."

Bill Gates – Cofundador de Microsoft: Bill era niño que hacía un montón de preguntas, siempre perturbaba a toda la clase y tenía el hábito de leer por delante de su clase. Fue deficiente en los estudios y tuvo que abandonar la Universidad de Harvard. Bill tenía grandes sueños y siempre soñó con ir a lo grande con sus ideas en algún momento de su vida y lo demostró. Hablando de sus grandes sueños, dijo: "Realmente tuve un montón de sueños, cuando yo era niño, y creo que una gran cantidad de ellos surgieron del hecho de tener la oportunidad de leer un montón".

Sylvester Stallone – Actor: El actor admite que es algo así como un niño salvaje que fue expulsado de no menos de 14 escuelas, lo que, según él, se debe a su **TDAH**.

"Magic" Johnson – Exjugador de la NBA: Magic Johnson también es disléxico, un hecho que le dio un mal rato cuando estaba en la escuela. "Las miradas, las miradas, las risitas... Yo quería mostrar a todos que yo podría hacerlo mejor y también que podía leer".

Tracey Gold – Actriz: Fue diagnosticada después de haber sido una estudiante pobre durante la mayor parte de su vida académica, a pesar del intensivo tiempo que dedicaba a las tareas escolares. Mejoró con técnicas de estudio. Un profesor la acusó de tener a alguien que escribiera por ella. No creía que poseía el vocabulario escrito. A pesar de que verbalmente le definió todas las palabras señaladas en el documento, el profesor insistió: "... Yo sé que no eres capaz de hacer este trabajo."

Usain Bolt – Atleta: Declaraciones de su padre: Fue complicado educarle porque según el doctor era un niño hiperactivo. Siempre moviéndose y sin parar de saltar. Con el paso del tiempo se fue tranquilizando. Cuando le veías correr te dabas cuenta que tenía talento para ello.

Christopher Knight – Actor: ¿Recuerdas a Knight como uno de los hermanos en La tribu de los Brady? Él menciona en NCL.org que el personaje energético y peculiar de Peter que los espectadores estaban viendo era en realidad él mismo, Knight, luchando contra su **TDAH**. Durante el rodaje de la seria reconoce tener problemas para memorizar sus guiones. Solo después de su fracaso universitario, debido a sus dificultades en su lectura y escritura, Knight fue diagnosticado con el trastorno de **TDAH**. Christopher compara que tomar medicación para **TDAH** es como usar gafas para corregir la vista.

Bubba Watson – Golfista: "Bubba tiene un talento increíble para todo lo que intenta" dice su mujer Angie. "Yo sólo trato de ayudarlo a dirigir su energía de una manera productiva". Hay mucha inquietud de superar. En un día típico, dentro o fuera del tour, llena su tiempo libre entre jugar a los videojuegos, viendo sus partes favoritas de comedias o añadiendo zapatos deportivos a su colección. Es una vida en busca de la estimulación constante. Cuando le dijeron que parecía que podría tener Trastorno por Déficit de Atención con Hiperactividad (**TDAH**), Watson dice con "Estoy seguro de que lo tengo". "Yo no lo veo como una molestia".

Hank Kuehne – Golfista: Es uno de los pocos jugadores del Pga Tour que ha hablado abiertamente sobre sus batallas con el **TDAH** y dice que puede tener sus ventajas. El montón de estímulos que él se ve, no tienen por qué ser dañinos. "Mi **TDAH** me ayuda a veces mucho" dijo hace unos años. "Puedo dar un golpe malo y rápidamente encontrar una solución. Con mi cerebro funcionando a miles de kilómetros por hora, las ideas llegan mucho más rápidas`.

Karina Smirnoff – Bailarina: La bailarina profesional de `Dancing with the Stars`, nacida en Ucrania, dijo en una entrevista con ET que el **TDAH** no era un trastorno bien conocido en su país nativo y que fue diagnosticada hace pocos años.

Luis Rojas Marcos – Psiquiatra: `Sí. Yo era un niño muy travieso. Con 6 y 7 años solía correr por los tejados de las casas. Los vecinos llamaban a mi madre y le decían: « ¡Mira quién está por ahí!». Era un niño diferente y esa diferencia estaba en la cantidad de energía que tenía y en la incapacidad para controlarla y, claro, a esa edad lo llevas de un modo que tu entorno no acepta. Además a eso hay que sumarle la impetuosidad, lo que provocaba que interrumpiera constantemente a los demás. Era inagotable. Yo antes de que el profesor hiciera una pregunta ya tenía la mano levantada. Y también estaba esa distracción continua que no te dejaba concentrarte y te hacía moverte de un lado a otro, hablar... Pero antes de conocerse el trastorno eso era ser un niño malo. `

Dani Martín – Cantante: `Ser hiperactivo no es ser malo y que saber canalizar la energía hacia algún lado que nos guste podemos pasárnoslo muy bien, como me ha pasado a mí`.

Fernando Verdasco – Tenista: Para estudiar lo pasaba fatal porque no podía estar sentado sin hacer mil cosas a la vez. La cabeza me iba más rápido de lo que podía dar abasto. Me costaba mucho aprobar porque me costaba mucho concentrarme. Siempre he sacado los cursos pelados, pero nunca repetía. Cuando era más joven, gran parte de mis altibajos en los partidos tenían que ver con la concentración. Podía estar en la pista y estar pensando en cualquier otra cosa y eso, lógicamente, no te permite ser regular. Pero con la experiencia he aprendido a estar concentrado durante todo el partido, a controlar la cabeza. Si eres hiperactivo, te cuesta más que a otros, pero puedes hacerlo. La experiencia y las ganas son determinantes.

Pablo Motos – Presentador de TV: `Lo que a mí me centró fue que me compraron una guitarra. Hice un cambio increíble en mi vida, pasando de ser un delincuente a un tío que daba clases de guitarra y que actuaba de Disc Jockey en la discoteca de Requena`.

Gervasio Deferr – Gimnasta, tres veces medallista olímpico: De niño se desfogaba dando saltos. Le llevaron a un gimnasio en el que halló cobijo a una hiperactividad aderezada de inconformismo. `He tenido que aprender a ser disciplinado`.

Miguel Ángel Silvestre – Actor: Dice que su punto débil es ser hiperactivo, pero sueña con hablar de cosas que cambien el mundo.

Xavier Uribe Echevarría – Fundador de Anboto: Xavier es un joven emprendedor vasco, fundador de una empresa líder mundial en tecnología y que ya forma parte del consorcio de empresas de la Word Way Web, quienes generan los estándares de internet. El reconoce que su éxito lo ha alcanzado más fácilmente por su condición de hiperactivo.

PERO AL FINAL, ¿QUÉ TIENEN TODOS ESTOS FAMOSOS EN COMÚN? Todos ellos han padecido **TDAH** pero han sabido canalizar su trastorno a través de sus características más positivas: la creatividad, la energía para emprender nuevos proyectos y el deporte. A todos ellos el trastorno no les ha privado de poder destacar ni de realizar una vida normal. El ingenio y el **TDAH** han ido con ellos de la mano.

Testimonios De Personas Con TDAH

Yo Soy Así

Sabía que era diferente, desde que era niña. Yo nací así. ¿Era solo yo? Me preguntaría y preguntaba y no conseguía una respuesta. Siempre me he sentido como una extraña en mi nido, un ser de otro lugar. No lo sabía, simplemente no lo sabía. Siempre he sentido todo al extremo. Amor, pena, amistad y todos los sentimientos unidos en uno solo. Tristeza y alegría, sonrisa y llanto, curiosidad e indiferencia. De hecho, la curiosidad es lo que me mueve. Es una curiosidad que va desde lo más simple y bello hasta lo más desconocido. Es una sed de conocimiento constante, aunque no sea para un propósito obvio. Es saber por saber, por entender, para responder a los muchos "por qué" de la vida.

Tengo dudas sobre todo. Pasado, presente y futuro. Investigo, investigo e investigo y nunca me conformo con lo que la gente dice para callarme. Es algo así como amar inexplicablemente lo desconocido. Es estar a la altura de la elección correcta y abandonarlo todo en busca de lo nuevo. Es sentirme sola en medio de una multitud y sentirme inmersa en un contexto, ser parte del mundo, incluso estando aislada en una habitación. Es pelear con mi hermano y parar todo porque recordé que le compré una medalla en una iglesia el mismo día, para traerle suerte en la búsqueda de un nuevo trabajo. Se la entregué, le expliqué cómo usarla y luego nuevamente peleé con él, pero paré todo de nuevo porque ya no podía recordar la razón de la pelea.

¡Es amar la vida! Querer vivir intensamente cada momento, y odiar la forma en que vive la gente, porque en el fondo, en el fondo, me siento muy diferente de los demás. Es comprar un regalo para alguien sin ninguna razón solo porque estoy feliz, pero sin saber la razón de tanta felicidad. Y cuando trato de recordar por qué, caigo en una profunda tristeza porque me doy cuenta de que todo es temporal.

Odio las reglas y los reglamentos, pero trato de seguirlos porque tengo respeto por el siguiente. Hablo con alguien que no he visto nunca en mi vida, pero a veces dejo hablando solo a un amigo porque recordé algo a través de una palabra que dijo. Y me voy corriendo porque tuve un montón de ideas milagrosas al respecto, realmente magníficas. Con varios pensamientos a una velocidad tan grande y tan loca que, cuando me detengo a escribir y organizarlas, se fueron. Lo olvido porque, en realidad, las secuencias de pensamiento son tan intensas que me pierdo en el tiempo. Pierdo la noción del tiempo y el espacio.

No puedo descansar mientras duermo y, por eso, estoy cansada todo el día siguiente, pero cuando vuelvo a dormir por la noche, tengo un pico total. Es tanta energía que no sé de dónde viene y luego invento muchas cosas para hacer y distraerme. Me despierto queriendo una cosa, a lo largo del día quiero otras 50 y, cuando me acuesto, lo dejo todo de lado porque ya tengo una pasión por una nueva idea. Y hago todo lo que puedo para que funcione, pero luego veo que no funcionó porque ya desistí.

Lloro por los problemas del mundo sin haber resuelto los míos. Y me río en medio de una reunión seria y pronto me arrepiento de las consecuencias. Es como si fuera un niño a pesar de las responsabilidades y misiones que hay que cumplir. Me enfoco en un nuevo asunto como si fuera la salvación del mundo y termino dejando de lado las cosas que me salvarían el día. Trato de explicar lo inexplicable y siempre pienso que nunca habrá una solución, y cuando eso sucede, es como caminar en medio de la noche en la playa, sin destino y dirección correcta. Es todo muy amplio, los pensamientos son amplios.

En realidad, nadie alrededor puede entenderme y ni siquiera sé cómo explicarlo. No puedo hacerlo. Pierdo amigos por no ser entendido, pero los entiendo a todos porque me siento diferente y no sé por qué. Pero ahora al menos sé por qué. Todo es muy confuso y me encanta ser así porque si Dios me hizo con esta pequeña marca en mi cerebro es porque tengo una misión muy diferente que cumplir y aún no sé cuál sea.

Por Flávia Mendes Gomes

Libros En La Estantería

Mi habitación es un nido de ratas. De repente, me levanto de la cama en un salto y pongo todo en su lugar. Así es mi corazón, también. Trato de poner los libros en los estantes: uno para la familia: hija, marido, padres, hermanos. Otro, los amigos: los que se han ido, los que están siempre cerca, los que nunca han estado, pero a los que quiero tanto como a los demás. Otro, los conocidos: personas que van y vienen de vez en cuando, pero que no han dejado huella. Otro, los enemigos: ¿cuáles? Tengo muchos de ellos. Pero nunca sé quiénes son. Para mí, todo el mundo es bueno, solo cometen errores a veces.

Luego, después de tres días, están todos juntos en el mismo estante, las etiquetas se pierden, no sé quién es quién, quién es de dónde. ¡Espera un minuto! Esto parece mi oficina... ¡Jaja! Mi vida es así: todo tiene su lugar, pero cambian constantemente. Y luego ya no sé de dónde eran, así que la gente se confunde. Los amigos se convierten en familia. Los enemigos se hacen amigos y así va.

Es confuso, pero hasta es bueno. Con los recuerdos, también es así. Oigo una historia, recuerdo otra, leo una palabra, recuerdo una fiesta, siento un olor, recuerdo a alguien, oigo una canción, recuerdo un día... Ningún día es igual, porque cuando él nace igual que ayer, yo ya soy diferente. ¿Humor? Tengo muchas cosas. De mal humor, también... (Risas). Me cautiva mi manera de hablar. Pero me canso cuando hablo de más.

Mis historias son siempre las más divertidas, ilustradas con gestos, sonidos, mímicas, etc. Al menos, hago lo mejor que puedo. Cuando leo un libro, entro en la historia: si está lloviendo en la historia, cuando cierro el libro, corro a cerrar las ventanas, como si estuviera lloviendo aquí también. Por otro lado, si el libro es malo, me salto las páginas y voy directo al final.

¿Películas? Son un problema: odio verlas sola, pero nadie quiere verlas conmigo. Después de todo, mi apodo resultó ser "crítico", porque cada escena merece un comentario. Todo lo que hago tiene que ser lo mejor. Ser bueno no es suficiente para mí. Y si lo que estoy haciendo no es lo suficiente para ser el mejor, me voy a medio camino y no lo termino.

Me encantan los reconocimientos y los cumplidos, pero también me encanta hacerlos. Cuando me critican o me reprenden, siempre doy una explicación. Mis peleas siempre son pasajeras. Después de todo, termino olvidando por qué peleé. Miro a la gente y sé lo que piensan. Especialmente en lo que a mí respecta. Tengo lapsus de imaginación. Miro una cosa y la relaciono con otra, que no tiene nada que ver con ello. Todo tiene que ser qué y por qué. Me preocupo por lo que los demás piensan de mí, así que hago todo lo que puedo de la mejor manera posible.

Hago cinco cosas al mismo tiempo, ahora, cuando me emociono en una de ellas, dejo ir a todas las demás sin remordimientos. Nunca olvido a Dios, evito pedir, pero siempre hago una maña. Soy extremadamente emocional. Lloro solo por ver a alguien cantando bien en el Raúl Gil, ¿sabes? Cuando hablo de la gente que me gusta, nunca tienen defectos, solo cualidades.

Me despierto en medio de la noche para recordar que olvidé el cumpleaños de mi tío Kiko que fue hace tres días. ¡Ah! Pero también lo recordé tres amaneceres antes de ese día. Me encanta ser filosófica, paradójica. Observo graffitis en las paredes de las ciudades y trato de imaginarme lo que ocurría en la mente de la persona que lo dibujó. ¿Qué trató de decir? ¿Estoy loca o simplemente una desorganizada de mis ideas? Supongo que no olvidé nada, ¿eh? Así que, la conclusión la deben sacar ustedes.

Thatiana Nunes 26 años, publicista, casada y madre de una hija, Giovana de 2 años, residente de São Paulo - capital, **TDAH** diagnosticada clínicamente, hasta hoy nunca utilizó Ritalín, (17/11/05).

Liberación del TDAH
Un grito de reconocimiento

¿Saben de esa niña que todo el mundo imaginaba que era una especie de "loca", que hacía todo a la vez, con pulgas en los pantalones, resortes en los pies y una batería integrada y recargable "Rayovac"? ¡Sí, era yo! Incluso creo que el personaje "El Niño Loquito" tenía que ser yo, "Gisele - La Niña Loquita". Cuando era niña, solo andaba con los chicos porque siempre encontré los juegos de las chicas tontos y aburridos. Y por eso siempre me etiquetaron con cosas como: "Marimacha" y "María José", pero nunca le presté mucha atención a esas cosas porque yo, incluso de niña, sabía que no era eso y lo tomé como una broma o me hacía de rogar.

Siempre he odiado las reglas y no soy muy seguidora de cumplirlas, especialmente de aquellas con los que no estoy de acuerdo o no entiendo el motivo. Durante las clases siempre hablaba o hacía algo - tachuelas, chicles, bolas de papel, atar los cordones de los demás y otras galimatías para los compañeros de clase o los profesores. Pero solo obtuve buenas notas, y a pesar de eso, los peores maestros (a quienes todos los estudiantes odiaban porque eran exigentes) me querían. La directora ni hablar... Yo vivía en la dirección y me encantaba porque lo disfrutaba y hablaba con la directora toda la tarde.

Curiosa en extremo, siempre quise saber la razón de las cosas, cómo funcionaban, y tengo gusto personal en cosas diferentes e inusuales. Podía pasar horas haciendo algo, casi en otro planeta - generalmente haciendo cosas que otras personas encontraban difíciles - y para otras cosas me distraía por el ruido de cualquier alfiler cayendo al suelo. Me he visto en muchos problemas o en situaciones embarazosas por eso.

Casi siempre tuve la solución a un problema que nadie podía resolver y quise ponerlo en práctica de inmediato, lo que siempre me puso a cargo del grupo y del aula, aunque era "rebelde". Pero a veces me interpongo en el camino de las cosas sencillas, mi antiguo jefe dice: "Se traga al elefante, pero se atraganta con el mosquito...". Mi cabeza es como un torbellino de ideas... Solo tenía un pequeño problema: se me olvidaban cosas como fechas importantes, compromisos. Prefiero mil pruebas a un trabajo escrito, porque siempre me olvido de hacerlo.

Para una niña "traviesa" este escenario es incluso común, el punto es que no hay manera de describir toda la vida de una persona en un texto breve y los detalles de estas y otras situaciones que solo las personas que tienen **TDAH** pueden conocer. Con todo este expediente de la infancia, me quedé con algunos estigmas: "Ella no será nada en la vida si sigue así...", "Oveja negra de la familia", "¡Ihhh! ésta no sé, ve..." e incluso de mi sexualidad dudaban porque me gustaban las cosas que le gustaban a los chicos por ser más activos.

A pesar de ser ya adulta, todavía tengo muchas de estas características con "Raiovak", que traigo desde mi infancia. He llevado mi vida hasta hoy tratando constantemente con divertidas "etiquetas" y apodos. Ya estoy acostumbrada a ellos y sé cómo manejarlos bien porque soy una persona con sentido del humor y me meto en el juego. Siempre me he sentido un poco o mucho: loca, inteligente, olvidadiza, diferente, inusual y divertida. Casi todos los que conozco piensan que soy divertida y una buena amiga por lo que soy y me aceptan de esa manera, pero la mayoría de las veces no pueden entenderme. Lo entiendo, ya que a veces ni siquiera puedo entenderme a mí misma.

Me enteré del **TDAH** por accidente. Vi que lo tenía un "amigo virtual" y, por curiosidad, investigué de qué se trataba. Leí un artículo de un sitio web médico: "Trastorno por Déficit de Atención con Hiperactividad (**TDAH**)", tomado del libro: Transforma tu cerebro, transforma tu vida. Daniel G. Amen. Y mientras leía, vi prácticamente cómo se describía mi vida en cada línea de ese texto. Aunque largo, leí en unos minutos (hiperfoco) y cuando terminé mis manos temblaban y mi cabeza estaba a mil por hora. Necesitaba asegurarme de que tenía **TDAH** para no sacar conclusiones precipitadas.

Investigué más al respecto, MARCUS fue un gran amigo en este proceso, porque me quitó muchas dudas y me indicó un profesional muy ético - el Dr. Paulo, a quien también le debo mucho, quien, después de una consulta, me diagnosticó como un tipo funcional de **TDAH**, ya que puedo trabajar, estudiar y vivir con las situaciones de la vida, y por lo tanto no necesito tomar Ritalín y/u otros medicamentos.

Es difícil para una persona pasar toda su vida siendo diferente. Sobre todo, considerar cómo trata la humanidad a quién o qué es diferente, y a la edad de 23 años descubrir una parte de lo que la hace tan diferente es chocante, pero al mismo tiempo liberador. Creo que ese era el sentimiento que tenía e imagino que podría haber vivido hasta mis últimos días en la tierra sin haber sabido nunca que tenía **TDAH** y que otros pueden estar en peores conflictos que los míos, ya que tuve mucha suerte de saber cómo lidiar con las cosas malas del **TDAH** y disfrutar de las cosas buenas.

Le dije a mi familia, que no mostró mucha sorpresa, ya que nunca fui muy normal. Y muchos de mis amigos no creen o no toman en serio lo que digo sobre el **TDAH** y de que lo tenga. Cuando MARCUS me dijo que estaba escribiendo este libro sobre el **TDAH** me sentí muy feliz, porque al ser un libro de alguien que tiene **TDAH**, será una "visión" igual o al menos similar a la persona que también pasa por estas situaciones.

Continúo investigando e intercambiando mis experiencias con otras personas que tienen **TDAH**. Con nuestras situaciones divertidas, difíciles e inusuales, pero sobre todo: con la certeza de que nuestra vida nunca será sencilla, porque hemos venido a dar y ver un color especial a todo porque, de hecho, la vida de una persona que tiene **TDAH** está lejos de ser normal, ordinaria y común. Y es con estos intercambios de experiencias que somos capaces de entendernos mejor entre nosotros y con los demás para que también podamos vivir mejor.

Gisele Reis, 24 años, Administradora de Tecnología de la Información (TI). Además de ser diseñadora, coordinadora de proyectos tecnológicos, bailarina, asesora, asistente comercial y otras cosas más... Como casi todos los buenos **TDAH** que tienen varias afinidades y habilidades.

El Yo TDAH

Siempre me pregunté si todos los demás vivían con "mil pensamientos"; si no dejaban de pensar en ningún momento; si hacían asociaciones en cualquier momento con algo; si tenían cambios de humor y emociones todo el tiempo; si siempre vivían "en la luna". Comencé a entender mis preguntas a la edad de 18 años, cuando supe cómo ser un **TDAH** y vi que la forma en que actuaba y vivía era "normal" para un **TDAH**.

La cascada de emociones que sientes es maravillosa; el cambio drástico y rápido de humor; la incontable cantidad de pensamientos e ideas que pasan a través de tu mente a la velocidad de la luz; la inexplicable creatividad que "aparece de la nada" y se apodera de tu ser; el amor apasionado y loco.

Es horrible tener miedo de no trabajar; ser inseguro; ser consciente de que se te ha olvidado algo, pero no saber qué;

sentirte como un impresentable, un inútil, un excluido que no encaja en la sociedad con sus rígidas reglas; sospechar que tus amigos no te consideran tanto como tú a ellos.

Amar de modo tan intenso que quieres decirle a tu ser querido lo que sientes por él o ella en todo momento; siempre comprar algo que te recuerde a él o ella, algún momento vivido, algún comentario que hayas escuchado, o simplemente alguna asociación "loca" que solo tú mismo entiendas; piensa que has encontrado a la persona adecuada para ti, aquella con la que quedarse hasta el final.

Amar de una manera tan sencilla y banal que te olvidas de aquella cena programada hace unos días; que halagas a tu amado de una manera tan fría que da la impresión de que ya no lo amas; que no prestas atención a los momentos en los que tu pareja necesita hablar.

La impulsividad de querer hacer algo para el día de ayer; sin tomarse un descanso para medir la importancia real del hecho. Pero cuántas y cuántas veces en medio de esa "urgencia" recordamos otra cosa que es muy importante, mucho más urgente que la que estamos haciendo, pero en el largo camino que conduce al lugar donde se hará la última tarea, la mente incansable nos vuelve hacia otra puerta para hacer otra cosa.

Acuéstese en la cama y a menudo trate de buscar un botón de "espera", un botón para apagar la mente, dejar de pensar y dejar que el sueño se haga cargo. La agonía, porque en el ajetreo del día a día cuando se tiene un poco de tiempo a la hora del almuerzo para relajarse, la mente no sigue al cuerpo, no se detiene. Y cuando te duermes, el despertador se apaga.

Para mí, los "viajes mentales" son las características que más cambian mi forma de ser y de actuar. Por ejemplo, cuando ves un bolígrafo rojo, recuerdas a una persona, el perfume que llevaba puesto, las conversaciones completas que tuvimos en su casa, en el cómodo sofá de su sala de estar. Y del sofá viene un recuerdo del paseo con las tiendas del centro comercial, la búsqueda de nuevos muebles para el hogar. Y el centro comercial recuerda esa película que viste después de que te equivocaste en una audición. Y desde entonces, hasta que llega el momento en que uno se da cuenta del largo tiempo que se perdió en los sueños. También puede ser peligroso, ya que a menudo se concentra en un objeto en particular en el tráfico y por unos momentos pierde la atención en los coches.

Ser **TDAH** es vivir en el extremo. O todo o nada. No dejes de usar la mente hasta el punto de generar su agotamiento, en el que lo único que se necesita es descansar.

No puedo imaginar mi vida de otra manera. Es cierto que de muchas maneras tenemos que seguir controlándonos para no cometer errores. Estoy contento de ser **TDAH** y no creo que sea divertido si dejara de ser **TDAH**.

Filipe Ramo Barra

Mi nombre es Flavia, Mi hijo de 9 años, Felipe, tiene TDAH

Cuando tenía dos años o menos, Felipe hacía trucos que parecían divertidos y a la vez extraños para su edad. Estaba alegre, tenía y sigue teniendo una sonrisa "alegre". A los cuatro años fue a la escuela y en menos de dos meses tuve que sacarlo porque siempre estaba herido y nadie podía explicarme por qué. Lo puse en otra escuela. Pasé dos años pensando que era malo, incapaz de tratar con niños más "activos", hasta que lo volví a sacar. Luego fuimos a la tercera escuela, donde permaneció otros dos años. En este punto, me sentía obligada por ir a la escuela por lo menos dos veces a la semana para hablar con los maestros y directores sobre su comportamiento. Distraído, agresivo, vagabundo, lo que me desesperaba porque ese no era mi hijo. Mi Felipe era y es un niño feliz, bueno con la vida, radiante e irresistiblemente encantador.

Evitaba salir del coche en la señal de entrada de la escuela, porque tendría que escuchar los susurros y ver las miradas dirigidas a mi hijo, agresivamente, de parte de los padres de los niños. Otra escuela que no sabía cómo lidiar con el problema. Lo curioso de esta escuela es que recibió más de quince advertencias y pensó que era divertido, llegaba a casa feliz, loco por mostrarla, porque, incluso delante de todo lo que pasaba, el humor y la alegría eran siempre constantes.

En la siguiente escuela, conté todos los problemas de mi hijo, abrí mi corazón a la psicóloga de la institución, que demostró ser muy receptiva (hasta entonces, ni imaginaba que tuviera **TDAH**), que ningún niño era discriminado. Al principio me sentí bien, pero con el paso del tiempo, vi a mi hijo abatiéndose, a veces cayendo en lágrimas, con el autoestima bajo. Empecé a ver más y descubrí que la escuela hacía horrores. En lugar de ayudarlo, lo sacaban del aula (aún tenía ocho años en segundo grado) y lo llevaban al jardín de infantes, donde su primo de cuatro años estudiaba y le decían que si se comportaba como un bebé, ahí se quedaría. La humillación fue tan grande que tuve a mi hijo sin espíritu durante unos días, solo tristeza. La directora y dueña de la escuela dijo que no le caía bien a nadie. De todos modos, había tantas cosas que lo vi debilitándose, sufriendo, sin amigos. Esa agradable alegría, tan ligera, estaba desapareciendo... No necesito decir que, una vez más, a mediados de año, lo saqué de la escuela y, por supuesto, estaba emprendiendo acciones legales contra la misma.

Finalmente, después de esta situación, encontré una escuela donde, una vez más, todavía tenía miedo, abrí mi corazón. Entonces encontré una escuela que lo acogió, cuando oí por primera vez que mi hijo podría ser un **TDAH**. Busqué ayuda, estudié el tema y hasta hoy busco noticias e información.

Diagnosticado, hoy tiene una vida tranquila. No veo el **TDAH** como un problema, lo veo como una luz, un regalo, algo que siendo descubierto al principio, siendo bien tratado y acompañado, proporciona mucha paz para el **TDAH** y la familia. La comprensión me hizo calmarme y descubrir el tamaño del tesoro que tengo. Todavía es difícil a veces, pero verlo en silencio es algo que me da fuerza y me ayuda a tener la calma y la paciencia necesarias para entender y adaptarme a esta vida "desordenada". Creo que el **TDAH** lleva una vida más tranquila, siendo:

- Rodeado de amor, no mimado;
- Rodeado de cuidados, sin exagerar;
- Escuchado, siempre;
- Entendido a diario;

Atendido, útil, sin dejar de pensar que con su imprudente manera, las cosas se caerán, se romperán, se estropearán... El **TDAH** es una persona normal como todas las demás, pero con una LUZ que lo hace especial, ¡solo una sonrisa es suficiente para ver!

Por Flavia Maria Saldanha

Aprendí más de mis hijos de lo que enseñé.

Cuando tenía 27 años, tuve mi primera hija. Una muñequita rosada, tranquila, dulce, sutil llamada Camila. La maternidad era abrumadora, un torbellino de amor profundo, inexplicablemente mayor que cualquier cosa que el ser humano pueda soñar con sentir algo, fue tan maravilloso que pronto quise tener otro hijo.

Gabriel llegó solo 9 años después de mucho esperar y pedirle a Dios que quedara embarazada de nuevo. No puedo expresar con palabras la explosión de felicidad que se había apoderado de mí, de mi marido y de mi hija, que siempre me había pedido un(a) hermano(a). Pero la vida me movió algunas cosas... Camila siempre fue silenciosa, organizada, metódica, introspectiva, tímida y recatada, que sospeché que algo andaba mal. Una madre lo sabe. Y no me equivoqué. Pronto llegó el diagnóstico del Síndrome de Asperger (para la gente común, el tipo más leve entre los Trastornos del Espectro Autista - TEA).

Nada en este mundo me preparó para el día a día y me dejó tan perpleja como la creación de un huracán llamado Gabriel. Antes éramos una familia tranquila, silenciosa y serena. Pronto las cosas serían completamente diferentes y opuestas... Me di cuenta de que estaba en problemas cuando una tarde puse a dormir a Gabriel. Solo estábamos él y yo en casa. Mi hija en la escuela y mi marido en el trabajo. Solo tenía nueve meses y medio. Me senté en la sala de estar y vi la televisión.

De repente, mirando al suelo, allí estaba él, gateando, medio gateando a mis pies. ¡Grité de miedo! Mi primer pensamiento fue que había alguien más en la casa que lo había sacado de la cuna. Corrí a su habitación y me sorprendió lo que vi. Había colocado cerca de la rejilla de la cuna, la almohada, encima del payaso, encima de un osito de peluche y encima de él un protector de cuna. Hizo una escalera, subió y se tiró de allí. Cayó al suelo (no oí nada) y no lloró. Y salió de la habitación hasta encontrarme. Fue la primera vez que tuve la sensación de que me esperaban grandes sorpresas. Y otra vez tenía razón.

Caminaba a los 11 meses. Lo movía todo, lo rompía todo, subía, bajaba, saltaba, corría, gritaba, se rompía, se levantaba del suelo y seguía corriendo. Se rompió los huesos, los dientes, se arrancaba las uñas, siempre le ponían puntos de sutura. Vivía en la sala de emergencias. Siempre tenía tantos moretones que corría y se hacía daño. Me quedé atrás, atenta, tratando de protegerlo, pero él era más ágil, más rápido, más desobediente y no podía oírme. Se me ocurrió la idea de ponerlo en una escuela (guardería), porque tenía 2 años y creí que allí quemaría su energía y tendría amiguitos.

De vez en cuando venía por sorpresa y veía su clase sentada en la fila, escuchando las instrucciones, las historias de la maestra... Pero, uh... ¿Dónde está Gabriel que nunca estaba allí como los otros? Pronto lo vi corriendo por el patio, con la monitora desesperada detrás de él, volando de un lugar a otro. No tardó mucho y fue "invitado" a retirarse. No estaban preparados para ese tipo de energía. Decidí ponerlo a nadar. El profesor se disculpó y confesó no poder lograrlo... Entonces fuimos al fútbol. Prestó atención a las hormigas, a las mariposas, a las nubes del cielo, excepto a la pelota y nadie lo quería en su equipo, porque no tenía ni idea de lo que estaba haciendo allí, ya que durante las explicaciones del entrenador estaba disperso, corriendo por el césped. Para alivio de todos, decidí sacarlo de allí. Entonces, probamos el *Taekwondo*. Disciplina, reglas, un maestro estricto y determinado... Pidió clemencia dos meses después.

Gabriel removía demasiado en la clase, rebasaba los límites, no podía esperar y hablaba todo el tiempo. Bueno... Todavía nos quedaba el tenis. Las pelotas volaban sobre las cabezas de todos. La raqueta también tenía alas y se fue volando. Una vez más, rebasaba los límites, reía demasiado, hablaba demasiado, corría demasiado rápido y jugaba muy poco al tenis... ¿Qué tal el inglés? La escuela era la más comentada en São Paulo, hecha solo para niños. El precio de salar cualquier bolsillo, pero quería intentarlo todo para ocuparlo, insertarlo socialmente.

Gabriel siempre ha estado fascinado por los videojuegos, los teléfonos celulares y las computadoras. Un día un compañero del inglés decidió llevar su juego electrónico y desafortunadamente no permitió que mi hijo tocara su juguete. La frustración no es algo que pueda manejar bien... A los 5 minutos ya estaba de vuelta en la escuela, viendo de lejos los ojos odiosos de los padres del niño que tenía las gafas rotas en la nariz, con una patada que según Gabriel, aprendió en un dibujo... Una vez más, fue "invitado" a retirarse... Ya tenía ocho años.

Salté de doctor en doctor. De terapia en terapia. Todos dijeron lo mismo: **TDAH** con impulsividad agravante y TOD, Trastorno de Oposición Desafiante. Conduje mi auto con una zapatilla de tenis que Gabriel me tiró en la cabeza. Tragaba mi almuerzo para no quitarle los ojos de encima ni un minuto. Hacía cualquier cosa corriendo y angustiada por volver con él y verlo, temiendo que se lastimara. Iba al baño con la puerta abierta. Solía bañarme durante pocos minutos. Dormía con un ojo abierto y otro cerrado. Estaba supervisando las cosas puntiagudas y cortantes de la casa. Sellaba las ventanas con barrotes. Quitaba las alfombras del suelo para que no se tropezara con ellas. Le sostenía la mano muy fuerte cuando caminábamos por la calle de donde siempre quiso soltarse y huir. Ir al supermercado con Gabriel era para estresarse. Abría los brazos y pasaba por las estanterías derribando todo lo que se le acercaba. Lo que ponía en el carro lo recogía y lo tiraba. Ir al cine era una pérdida de tiempo. No se quedaba sentado y hablaba en voz alta todo el tiempo.

En los restaurantes, corría y varias veces derribaba las bandejas de los camareros con cabezazos. Tomaba las patatas fritas y las lanzaba a la gente sentada a nuestro alrededor. Salir con él era una tortura. Trataba de castigarlo, de hablarle, de ignorarlo, de molestarme, de prometer recompensas si su comportamiento era adecuado, pero nada... No era cumplido, ni siquiera me oía. La ÚNICA cosa que lo concentraba era el Metilfenidato que estaba tomando, lo cual fue una bendición en nuestras vidas.

Una vez me dijo que con la medicación podía oír lo que la gente tenía que decir, porque no se detenía ni un segundo a prestar atención a nada... Pasó siete años en el colegio y fueron siete años difíciles. La coordinación, las profesoras, la dirección, los empleados eran excelentes. Tenían tacto, preparación, paciencia y mucha habilidad con mi hijo, pero no fue así con sus compañeros y sus familias. Siempre me señalaron. Juzgada. Condenada. Era mi culpa que no supiera cómo criar a ese niño. En el momento del receso, hubo un momento en que mi hijo tuvo un guardia de seguridad que lo acompañaba y vigilaba, en ese corto período de tiempo. Si contara las lágrimas que derramé, las noches que desvelé, los momentos de desesperación, de frustración, las peleas con Dios, con el mundo, las personas que eliminé de mi vida porque no podían soportar o entender a Gabriel, el infinito sería demasiado pequeño para medirlo.

Nada me había preparado para un hijo tan hiperactivo, tan lleno de energía, tan eléctrico. Decidí ponerlo en judo. Tiempo y dinero perdido de nuevo. Nadie podía soportarlo. Aunque a menudo perdí la paciencia (soy humana), defendí a mi hijo con uñas y dientes porque sabía lo que era el **TDAH** y tenía la percepción real de que él no tenía la culpa de ser y actuar de esa manera. Es un desorden neurobiológico. Es más fuerte que él, pero mucho más pequeño que mi amor incansable, ilimitado, inconmensurable e incondicional por él.

La voluntad de ayudarlo me convirtió en otra persona. Fui a estudiar, a investigar, a devorar libros. Participé en miles de congresos, conferencias, seminarios, reuniones, discusiones, foros que debatían sobre el **TDAH**. Todavía estaba medicado, con un psiquiatra, con terapia, pero todavía era un niño atípico. Llegó provocando a los locales; en la escuela solo sabía cómo escapar del aula, estaba demasiado inquieto para sentarse durante horas…

A los 13 años, cansado de intentar tanto tener amigos (por ser como era, acababa espantando a estos "amigos"), un día lo descubrí llorando. Me abrazó y me dijo que estaba tirando la toalla. Que nadie lo entendía y que ya no soportaba tratar de hacer amigos. Que no le caía bien a nadie. Dios sabe cómo me sentí en ese momento. Lloré junto a él, hablando con calma y explicándole cómo era amado por todos nosotros. Siempre he tratado de elevar su autoestima, pero no fue suficiente. Era duro consigo mismo y no quería volver a ser amigo de nadie. Para él solo amigos virtuales, tiene muchos en los juegos en línea, donde es una bestia y aprendió rápidamente a leer y escribir en inglés (mejor que en portugués).

Un día decidí que necesitaba hacer más por él y busqué una escuela normal que tuviera un aula especial y fue lo mejor que hice. El mismo Gabriel me dijo que finalmente se había dado cuenta de que él no era el único diferente, que había otros como él. Se realizó, nunca más sufrió bullying. Sigue odiando los estudios, diciendo que la escuela no es más que una prisión, pero está más adaptado, con compañeros que lo entienden y son similares a él. Hoy está mucho mejor, menos eléctrico, más centrado, más controlado. Es infantil para sus actuales 17 años. Tiene una verdadera obsesión con la computadora (hiperfoco) y su conocimiento en eso es inmenso.

Es un niño hermoso, amado en extremo por mí, su padre, su hermana. Nunca podría explicar este amor abrumador que me hace feliz, que cuando lo veo hace que mi corazón se acelere, que inmediatamente me traiga una sonrisa en la cara. Él y Camila son la razón de mi vida. Un amor para toda la eternidad. Doy gracias a Dios por el privilegio de tener dos hijos especiales que me enseñaron a crecer como ser humano y a ser mejor persona. Abrí una Asociación de Padres llamada *Inspirare*, con otras madres que también pasaron por todo esto. Aquí en São Paulo trato de nutrir a los padres con una guía y apoyo que no encontré en ninguna parte cuando mis hijos eran pequeños. Yo, por alguna razón que no sé, fui elegida dos veces y me siento honrada con esta oportunidad.

También me gustaría agradecer a Marcus Deminco por la oportunidad de dejar aquí mi testimonio y poder decir a los nuevos y jóvenes padres que hay una luz al final del túnel. Que hay que correr tras el conocimiento, la información y tener mucha, pero mucha paciencia, porque el resto solo lo resuelve el amor.

Simone Alli Chair, 52 años - São Paulo/SP. Directora-presidenta de la Asociación de Padres Inspirare, Presidenta del Instituto Canguro (enfermedades raras), licenciada en Servicio Social, defensora popular, militante en el ámbito de la discapacidad, pero sobre todo, madre de Camila, 25 años con el Síndrome de Asperger, licenciada en el colegio de diseño en animación y Gabriel, 17 años, asistiendo al último año de bachillerato, con perspectivas de aprobar el colegio de diseño en juegos, su pasión. Tiene **TDAH**, con impulsividad agravante, trastorno de oposición desafiante (TOD), y recientemente también ha sido diagnosticado dentro del espectro del autismo. En tratamiento con un neurólogo y un psiquiatra.

De la autoestima destruida a las relaciones inestables: El TDAH puede destruir una vida.

Sé muy bien por lo que he pasado, y aún hoy lo sigo haciendo. Nací en 1971 y sin la comprensión del **TDAH** y de los profesionales que no existían en ese momento (y que son pocos hasta hoy), toda mi vida se vio perjudicada. Sin entender por qué, aunque soy tan inteligente en temas como crear y arreglar cosas, porque solo observando el funcionamiento de las cosas puedo desmontarlas y hacerlas funcionar de nuevo porque son situaciones en las que tenemos tiempo para pensar, analizar el funcionamiento y resolver el problema sin presión, algo que normalmente no ocurre en las escuelas. Y así crecí, con gente que siempre me elogiaba por ser creativo, inteligente, etc.

Pero cuando entré en la escuela, era muy diferente, solo me destacaba en las asignaturas de artes plásticas y dibujo y siempre como el mejor del aula, pero en casi todas las demás asignaturas era terrible, pero era terrible no porque no pudiera aprender, sino porque me llevaba demasiado tiempo entender y memorizar como a los demás compañeros que tomaban la asignatura más rápido, estaba triste y siempre me preguntaba: "¿Soy estúpido?

En el aula, cuando el profesor preguntaba:"¿Quién no entendió?" Me quedaba callado, porque al ver que todos los demás chicos habían aprendido, me avergonzaba y temía que me llamaran burro, pero mis bajas calificaciones y la necesidad de mis colegas por denunciarme y así era como terminaba siendo delatado.

Estoy seguro de que si hubiera tenido una enseñanza diferenciada, con gente que supiera del **TDAH**, las cosas hubiera sido diferentes y no habría pasado por todo lo que he pasado, porque con el tiempo de aprendizaje respetado y con una metodología de enseñanza diferenciada, tendría mucho más éxito en la vida, porque lo hubiera aprendido todo, incluso con toda mi falta de atención y dificultad para memorizar, porque en mi tiempo siempre aprendo todo, de lo contrario la consecuencia de eso fue la fobia de las aulas e incluso pruebas de trabajo que hasta hoy me hacen sudar frío.

Además de todo lo demás, muchos son los temores que llegan a un portador de TDHA. Especialmente cuando se trata de relaciones y futuros hijos... Al menos así fue conmigo, aunque luché por olvidar, con la esperanza de que algún día las cosas cambiaran, pero desafortunadamente no fue así exactamente. Tarde o temprano te das cuenta de que todos tus miedos se están cumpliendo lentamente y de la manera que siempre temiste.

Imaginé tener hijos y en la fase escolar les preguntaran sobre los temas para los que nunca tuve la oportunidad de aprender cómo debería, debido al **TDAH**, tu esposa con su incredulidad sobre el trastorno, no aceptando y aun diciendo que no hay nada malo en ti, y por si eso no fuera suficiente, hasta que la compra de un coche se convierta en un problema angustioso, cuando debería ser motivo de felicidad, pero termina por no serlo, porque incluso siendo un buen conductor las dificultades para memorizar caminos y comprender rápidamente ciertas intersecciones de las calles me hace temer ir a lugares largos, viajar con el coche ni pensarlo. Y así, termino usando el vehículo solo para ir a rutas ya conocidas.

Mi ex-esposa me recriminaba los puntos lejos a donde no podía ir, y por eso también creé una casi fobia al volante, simplemente por miedo a nuevos lugares y finalmente, cuando menos quieres que empeore, viene el abandono, ella te dice que ya no funciona, y lo más frustrante de todo es saber que no habría sido así si no tuviera TDHA. Es por eso que la gran necesidad de un diagnóstico precoz, ya que actualmente buscaría una pareja con el mismo trastorno, o al iniciar una relación con una persona sin el trastorno, le explicaría sobre el TDHA, mostraría materiales que hablaran sobre el tema y esperaría que la pareja entienda y acepte mis limitaciones, porque con la ayuda y no con recriminaciones y críticas, se puede lograr que cualquier portador de TDHA supere todas las dificultades que puedan tener en la vida.

Daniel Rêgo de Aguiar (Salvador/BA), 44 años, Seguridad y graduado de Auxiliar ADM - Diagnosticado con **TDAH** y en Tratamiento.

El Diagnóstico del TDAH por La CIE

Publicada por la Organización Mundial de la Salud (OMS), la Clasificación Estadística Internacional de Enfermedades y Problemas Relacionados con la Salud (CIE), aunque no sea el instrumento más utilizado por los profesionales de salud mental en la elaboración de diagnósticos - también tiene su importancia y finalidad. El documento proporciona códigos que determinan la clasificación y codificación de las enfermedades, y una amplia variedad de signos, síntomas, aspectos inusuales, quejas, circunstancias sociales y causas externas de daños y / o enfermedad. Para cada cuadro clínico se asigna una categoría única a la que corresponde un código, que puede contener hasta seis caracteres.

Así, la CIE sirve como el principal vehículo informativo en la identificación de tendencias y estadísticas de morbilidad y mortalidad en todo el mundo. De acuerdo con su décima revisión, la Clasificación Internacional de Enfermedades (CIE-10), incluyó el Trastorno por Déficit de Atención con Hiperactividad (**TDAH**) dentro de la sección F.90 – F.98, que pertenece al grupo de trastornos conocidos como Trastornos Hipercinéticos. Los Trastornos Hipercinéticos son un grupo de trastornos caracterizados por:

a. Comienzo temprano (por lo general durante los cinco primeros años de la vida).

b. Combinación de un comportamiento hiperactivo y pobremente modulado con una marcada falta de atención y de continuidad en las tareas y porque estos problemas se presentan en las situaciones más variadas y persisten a lo largo del tiempo.

c. Falta de persistencia en actividades que requieren la participación de procesos cognoscitivos.

d. Tendencia a cambiar de una actividad a otra sin terminar ninguna, junto con una actividad desorganizada, mal regulada y excesiva.

e. Las dificultades persisten durante los años de escolaridad e incluso en la vida adulta, pero en muchos de los afectados se produce, con el paso de los años, una mejoría gradual de la hiperactividad y del déficit de la atención

f. Descuidados e impulsivos, propensos a accidentes.

g. Plantean problemas de disciplina por saltarse las normas, más que por desafíos deliberados a las mismas, por una falta de premeditación.

h. Su relación social con los adultos suelen ser desinhibidas, con una falta de la prudencia y reserva naturales.

i. Son impopulares entre los niños y pueden llegar a convertirse en niños aislados.

j. Frecuente presencia de un déficit cognoscitivo y retrasos específicos en el desarrollo motor y del lenguaje.

k. Acompañan frecuentemente problemas de lectura o del aprendizaje.

Los Trastornos Hipercinéticos (F-90) se subdividen en:

1. (F90.0) Perturbación de la Actividad y de la Atención
2. (F90.1) Trastorno Hipercinético Disocial
3. (F90.8) Otros Trastornos Hipercinéticos
4. (F90.9) Trastorno Hipercinético sin Especificación

Según la Clasificación Internacional de Enfermedades (CIE-10) para diagnosticar un caso de **TDAH** es necesario que la persona evaluada tiene al menos seis de los síntomas de desatención y / o seis de los síntomas de hiperactividad. Además, estos síntomas deben manifestarse en al menos dos ambientes diferentes, y por un período superior a seis meses.

(A) Con el Predominio De la Desatención

Se caracteriza con el predominio de la DESATENCIÓN cuando la persona presenta seis (o más) de los siguientes síntomas de desatención, persistentes por lo menos 6 meses, en grado mal adaptativo e inconsistente con el nivel de desarrollo:

1. A menudo deja de prestar atención a los detalles o comete errores por descuido en actividades escolares, de trabajo entre otras.

2. A menudo tiene dificultades para mantener la atención en tareas o actividades lúdicas.

3. A menudo parece no escuchar cuando le dirigen la palabra.

4. A menudo no sigue instrucciones y no termina sus deberes escolares, tareas domésticas o deberes profesionales (no debido al comportamiento de oposición o incapacidad de comprender instrucciones).

5. A menudo tiene dificultad para organizar tareas y actividades.

6. Con frecuencia evita, antipatía o reticencia a involucrarse en tareas que exijan esfuerzo mental constante (como tareas escolares o deberes de casa).

7. A menudo pierde las cosas necesarias para tareas o actividades (por ejemplo, juguetes, tareas escolares, lápices, libros u otros materiales).

8. Es fácilmente distraído por estímulos ajenos a la tarea.

9. Con frecuencia presenta olvido en actividades diarias.

(B) Con Predominio de la Hiperactividad / Impulsividad

Se caracteriza cuando seis (o más) de los siguientes síntomas de hiperactividad persiste por lo menos 6 meses, en grado mal adaptativo e inconsistente con el nivel de desarrollo:

B.1 Hiperactividad

1. A menudo agita las manos o los pies.

2. A menudo abandona su silla en el aula u otras situaciones en las que se espera que permanezca sentado.

3. A menudo corre o escala en demasía, en situaciones en las cuales esto es inapropiado (en adolescentes y adultos, puede estar limitado a sensaciones subjetivas de inquietud).

4. Con frecuencia tiene dificultad para jugar o involucrarse silenciosamente en actividades de ocio.

5. Es a menudo "a mil" o muchas veces actúa como si estuviera "a todo vapor".

6. A menudo habla demasiado.

B.2 Impulsividad

1. A menudo da respuestas precipitadas antes de que se hayan completado las preguntas.

2. A menudo tiene dificultad para esperar su turno.

3. A menudo interrumpe o se mete en asuntos ajenos (por ejemplo, se entromete en conversaciones o bromas).

(C) Criterios para ambos casos

En ambos casos los siguientes criterios también deben estar presentes:

1. Algunos síntomas de hiperactividad / impulsividad o desatención que causaron daño estaban presentes antes de los 7 años de edad.

2. Un cierto perjuicio causado por los síntomas está presente en dos o más contextos (por ejemplo, en la escuela, en el trabajo y / o en casa).

3. Debe haber claras evidencias de perjuicio clínicamente significativo en el funcionamiento social, académico o ocupacional.

4. Los síntomas no aparecen exclusivamente en el transcurso de un Trastorno Generalizado del Desarrollo,

esquizofrenia u otro Trastorno Psicótico y no se explican mejor por otro Trastorno mental (por ejemplo., Trastorno del Estado de Ánimo, Trastorno de Ansiedad, Trastorno Disociativo, o cualquier Trastorno la Personalidad).

NOTA: los síntomas de falta de atención, hiperactividad o impulsividad relacionada con el uso de medicamentos (como los broncodilatadores, isoniazida y acatisia neuroléptico) en niños menores de 7 años de edad no deben ser diagnosticados como **TDAH**.

El Diagnóstico del TDAH por La DSM

El Diagnostic and Statistical Manual of Mental Disorders (Manual Diagnóstico y Estadístico de los Trastornos Mentales), más conocido por el acrónimo DSM es un manual para los profesionales en el campo de la salud mental que enumera las diferentes categorías de los Trastornos mentales y los criterios para diagnosticar ellos. Elaborado por la Asociación Americana de Psiquiatría (American Psychiatric Association - APA) es actualmente la mejor herramienta de uso clínico para ayudar en la elaboración más eficiente de los diagnósticos

En su quinta edición, el DSM-V clasifica o Trastorno por Déficit de Atención con Hiperactividad entre los Trastornos del Desarrollo Neurológico. El **TDAH** es un Trastorno del Desarrollo Neurológico definido por niveles perjudiciales de desatención, desorganización y / o hiperactividad-impulsividad. **(A)** Desatención y Desorganización implican incapacidad para permanecer en un puesto de trabajo, en busca no oír y pérdida de materiales en los niveles inconsistentes con la edad o nivel de desarrollo. **(B)** la hiperactividad-impulsividad implica actividad excesiva, inquietud, incapacidad para sentarse y / o en la misma posición y / o lugar. También, presentan intromisión en actividades de otros e incapacidad de aguardar - síntomas que son excesivos para la edad o el nivel de desarrollo. En la infancia, **TDAH** a menudo se superpone los Trastornos generalmente considerados "upregulated", como el Trastorno de oposición desafiante y Trastorno de la conducta. **TDAH** a menudo persiste en la edad adulta, lo que resulta en alteraciones en el funcionamiento social, académico y ocupacional.

TDAH – Criterios de Diagnóstico (DSM-V)

A. Patrón persistente de inatención y/o hiperactividad-impulsividad que interfiere con el funcionamiento o el desarrollo, que se caracteriza por (1) y/o (2):

1. Inatención: Seis (o más) de los siguientes síntomas se han mantenido durante al menos 6 meses en un grado que no concuerda con el nivel de desarrollo y que afecta directamente las actividades sociales y académicas/laborales:

NOTA: Los síntomas no son sólo una manifestación del comportamiento de oposición, desafío, hostilidad o fracaso en la comprensión de tareas o instrucciones. Para adolescentes mayores y adultos (17 y más años de edad), se requiere un mínimo de cinco síntomas.

(a) Con frecuencia falla en prestar la debida atención a detalles o por descuido se cometen errores en las tareas escolares, en el trabajo o durante otras actividades (p. ej., se pasan por alto o se pierden detalles, el trabajo no se lleva a cabo con precisión).

(b) Con frecuencia tiene dificultades para mantener la atención en tareas o actividades recreativas (p. ej., tiene dificultad para mantener la atención en clases, conversaciones o la lectura prolongada).

(c) Con frecuencia parece no escuchar cuando se le habla directamente (p. ej., parece tener la mente en otras cosas, incluso en ausencia de cualquier distracción aparente).

(d) Con frecuencia no sigue las instrucciones y no termina las tareas escolares, los quehaceres o los deberes laborales (p. ej., inicia tareas pero se distrae rápidamente y se evade con facilidad).

(e) Con frecuencia tiene dificultad para organizar tareas y actividades (p. ej., dificultad para gestionar tareas secuenciales; dificultad para poner los materiales y pertenencias en orden; descuido y desorganización en el trabajo; mala gestión del tiempo; no cumple los plazos).

(f) Con frecuencia evita, le disgusta o se muestra poco entusiasta en iniciar tareas que requieren un esfuerzo mental sostenido (p. ej., tareas escolares o quehaceres domésticos; en adolescentes mayores y adultos, preparación de informes, completar formularios, revisar artículos largos).

(g) Con frecuencia pierde cosas necesarias para tareas o actividades (p. ej., materiales escolares, lápices, libros, instrumentos, billetero, llaves, papeles del trabajo, gafas, móvil).

(h) Con frecuencia se distrae con facilidad por estímulos externos (para adolescentes mayores y adultos, puede incluir pensamientos no relacionados).

(i) Con frecuencia olvida las actividades cotidianas (p. ej., hacer las tareas, hacer las diligencias; en adolescentes mayores y adultos, devolver las llamadas, pagar las facturas, acudir a las citas).

2. Hiperactividad e Impulsividad: Seis (o más) de los siguientes síntomas se han mantenido durante al menos 6 meses en un grado que no concuerda con el nivel de desarrollo y que afecta directamente a las actividades sociales y académicas/laborales:

NOTA: Los síntomas no son sólo una manifestación del comportamiento de oposición, desafío, hostilidad o fracaso para comprender tareas o instrucciones. Para adolescentes mayores y adultos (a partir de 17 años de edad), se requiere un mínimo de cinco síntomas.

(a) Con frecuencia juguetea con o golpea las manos o los pies o se retuerce en el asiento.

(b) Con frecuencia se levanta en situaciones en que se espera que permanezca sentado (p. ej., se levanta en la clase, en la oficina o en otro lugar de trabajo, o en otras situaciones que requieren mantenerse en su lugar).

(c) Con frecuencia corretea o trepa en situaciones en las que no resulta apropiado. (**Nota**: En adolescentes o adultos, puede limitarse a estar inquieto.)

(d) Con frecuencia es incapaz de jugar o de ocuparse tranquilamente en actividades recreativas.

(e) Con frecuencia está "ocupado," actuando como si "lo impulsara un motor" (p. ej., es incapaz de estar o se siente incómodo estando quieto durante un tiempo prolongado, como en restaurantes, reuniones; los otros pueden pensar que está intranquilo o que le resulta difícil seguirlos).

(f) Con frecuencia habla excesivamente.

(g) Con frecuencia responde inesperadamente o antes de que se haya concluido una pregunta (p. ej., termina las frases de otros; no respeta el turno de conversación).

(h) Con frecuencia le es difícil esperar su turno (p. ej.,

mientras espera en una cola).

(i)   Con frecuencia interrumpe o se inmiscuye con otros (por ejemplo, se mete en las conversaciones, juegos o actividades; puede empezar a utilizar las cosas de otras personas sin esperar o recibir permiso; en adolescentes y adultos, puede inmiscuirse o adelantarse a lo que hacen los otros).

B. Algunos síntomas de inatención o hiperactivo-impulsivos estaban presentes antes de los 12 años.

C. Varios síntomas de inatención o hiperactivo-impulsivos están presentes en dos o más contextos (p. ej., en casa, en la escuela o en el trabajo; con los amigos o parientes; en otras actividades).

D. Existen pruebas claras de que los síntomas interfieren con el funcionamiento social, académico o laboral, o reducen la calidad de los mismos.

E. Los síntomas no se producen exclusivamente durante el curso de la esquizofrenia o de otro Trastorno psicótico y no se explican mejor por otro Trastorno mental (p. ej., Trastorno del estado de ánimo, Trastorno de ansiedad, Trastorno disociativo, Trastorno de la personalidad, intoxicación o abstinencia de sustancias).

Especificar El subtipo

a) 314.01 (F90.2) – Presentación Combinada: Si se cumplen el Criterio **A1** (inatención) y el Criterio **A2** (hiperactividad-impulsividad) durante los últimos 6 meses.

b) 314.00 (F90.0) – Presentación predominante con falta de atención: Si se cumple el Criterio **A1** (inatención) pero no se cumple el Criterio **A2** (hiperactividad-impulsividad) durante los últimos 6 meses.

c) 314.01 (F90.1) – Presentación predominante hiperactiva/impulsiva: Si se cumple el Criterio **A2** (hiperactividad-impulsividad) y no se cumple el Criterio **A1** (inatención) durante los últimos 6 meses.

Especificar Si

• **En Remisión Parcial:** Cuando previamente se cumplían todos los criterios, no todos los criterios se han cumplido durante los últimos 6 meses, y los síntomas siguen deteriorando el funcionamiento social, académico o laboral.

Especificar La gravedad actual

a) **LEVE:** Pocos o ningún síntoma están presentes más que los necesarios para el diagnóstico, y los síntomas sólo producen deterioro mínimo del funcionamiento social o laboral.

b) **MODERADO**: Síntomas o deterioros funcionales presentes entre "leve" y "grave".

c) **GRAVE:** Presencia de muchos síntomas aparte de los necesarios para el diagnóstico o de varios síntomas particularmente graves, o los síntomas producen deterioro notable del funcionamiento social o laboral.

Otros Instrumentos para Diagnosticar el TDAH

El proceso de evaluación para el diagnóstico de Trastorno por Déficit de Atención con Hiperactividad (**TDAH**) debe llevarse a cabo a través de una investigación clínica completa, que cubre la entera historia del paciente. Sin embargo, cuanto más cuidadosa sea realizada esa evaluación en relación a la utilización de recursos instrumentales, menor es la posibilidad de cometer equívoco en el diagnóstico.

Una evaluación que, además de proporcionar un diagnóstico preciso, sea capaz de apuntar la presencia de trastornos comórbidos, analizando una perspectiva sobre el funcionamiento dañino y desajustado del sujeto, también proporcionará una mejor elección relacionada a las técnicas y / o estrategias más eficientes para ser utilizadas durante su tratamiento. Favorecer así el pronóstico del individuo.

Por lo tanto, aunque las características presentes en la Clasificación Internacional de Enfermedades (CIE) y, sobre todo, los criterios de diagnóstico que se describen en el Manual Diagnóstico y Estadístico de los Trastornos Mentales (DSM) son considerados como los instrumentos más fiables y coherentes para ayudar en el proceso de diagnóstico **TDAH** , hay una amplia variedad de pruebas, escalas y otros instrumentos psicológicos que pueden y deben ser utilizados con el fin de corroborar la exactitud en el proceso de evaluación y diagnóstico de Trastorno por Déficit de Atención con Hiperactividad (**TDAH**).

De esta manera, aunque las características presentes en la Clasificación Internacional de Enfermedades (CIE) y, sobre todo, los Criterios Diagnósticos descritos en el Manual Diagnóstico y Estadístico de Trastornos Mentales (DSM) sean considerados como los instrumentos más fidedignos y consistentes para auxiliar en el proceso de diagnóstico del **TDAH**, existe aún una amplia variedad de pruebas, escalas, cuestionarios y otros instrumentos psicológicos que pueden, y deben ser utilizados para corroborar con la precisión en el proceso evaluativo y diagnóstico del Trastorno por Déficit de Atención con Hiperactividad. (**TDAH**).

SNAP-IV - Para el Diagnóstico del TDAH
En Niños y Adolescentes

Lo Swanson Nolan y Pelham-IV Cuestionario, o simplemente, SNAP-IV es un cuestionario fácil de usar, ha sido desarrollado utilizando los mismos criterios presentes en el DSM para evaluar los síntomas del Trastorno por Déficit de Atención con Hiperactividad (**TDAH**) en niños y adolescentes. Como las características del trastorno a menudo se manifiestan en diferentes contextos, este cuestionario también puede ser completado por los padres y / o Profesores.

Cómo Usar

Para cada una de las 18 sentencias descritas a continuación, elija y marque una de las 4 opciones de respuestas que mejor corresponda al niño o adolescente evaluado.

1. **Ni un poco = 0 Punto**
2. **Sólo un poco = 1 Punto**
3. **Bastante = 2 Puntos**
4. **Mucho = 3 Puntos**

1. Le cuesta prestar atención a detalles o comete errores por descuido en las tareas escolares o trabajo.

( ) Ni un poco

( ) Sólo un poco

( ) Bastante

( ) Mucho

2. Tiene dificultad para mantener la atención en tareas o actividades de ocio.

( ) Ni un poco

( ) Sólo un poco

( ) Bastante

( ) Mucho

3. Parece no estar oyendo cuando se habla directamente con él.

( ) Ni un poco

( ) Sólo un poco

( ) Bastante

( ) Mucho

4. Le cuesta seguir instrucciones y no finaliza tareas escolares, encargos u obligaciones.

( ) Ni un poco

( ) Sólo un poco

( ) Bastante

( ) Mucho

5. Tiene dificultad en organizar sus tareas y actividades.

( ) Ni un poco

( ) Sólo un poco

( ) Bastante

( ) Mucho

6. Evita, le disgusta o es reacio a dedicarse a tareas que requieren un esfuerzo mental sostenido.

( ) Ni un poco

( ) Sólo un poco

( ) Bastante

( ) Mucho

7. Extravía objetos necesarios para realizar sus actividades (p. ej. juguetes, ejercicios escolares, lápices o libros).

( ) Ni un poco

( ) Sólo un poco

( ) Bastante

( ) Mucho

8. Se distrae por estímulos irrelevantes de su tarea.

( ) Ni un poco

( ) Sólo un poco

( ) Bastante

( ) Mucho

9. Es descuidado en sus actividades diarias.

( ) Ni un poco

( ) Sólo un poco

( ) Bastante

( ) Mucho

10. Mueve las manos y los pies o se retuerce en el asiento.

( ) Ni un poco

( ) Sólo un poco

( ) Bastante

( ) Mucho

11. Abandona su asiento en clase u otras situaciones en que se espera que permanezca sentado.

( ) Ni un poco

( ) Sólo un poco

( ) Bastante

( ) Mucho

12. Corre o salta excesivamente en situaciones en que es inapropiado.

( ) Ni un poco

( ) Sólo un poco

( ) Bastante

( ) Mucho

13. Tiene dificultades para jugar o dedicarse a actividades de ocio tranquilamente.

( ) Ni un poco

( ) Sólo un poco

( ) Bastante

( ) Mucho

14. Está "en marcha" o actúa como si tuviera un motor encendido.

( ) Ni un poco

( ) Sólo un poco

( ) Bastante

( ) Mucho

15. Habla en exceso.

( ) Ni un poco

( ) Sólo un poco

( ) Bastante

( ) Mucho

16. Precipita respuestas antes de haber sido terminadas las preguntas.

( ) Ni un poco

( ) Sólo un poco

( ) Bastante

( ) Mucho

17. Tiene dificultades para aguardar su turno.

( ) Ni un poco

( ) Sólo un poco

( ) Bastante

( ) Mucho

18. Interrumpe o se inmiscuye en las actividades de otros (p. ej. se entromete en conversaciones o juegos).

( ) Ni un poco

( ) Sólo un poco

( ) Bastante

( ) Mucho

Cómo Evaluar

1. Si al menos 6 ítems fueron marcados como BASTANTE o MUCHO de 1 a 9 = hay más síntomas de desatención que lo esperado para un niño o adolescente.

2. Si al menos 6 ítems fueron marcados como BASTANTE o MUCHO de 10 a 18 = existen más síntomas de hiperactividad e impulsividad que lo esperado para un niño o adolescente.

IMPORTANTE: No se puede hacer el diagnóstico de **TDAH** sólo con el criterio A. Por lo tanto, para considerar el diagnóstico vea abajo los demás criterios que también son necesarios.

Criterio A: Síntomas (vistos arriba)

Criterio B: Algunos de estos síntomas deben estar presentes antes de los 7 años de edad.

Criterio C: Existen problemas causados por los síntomas anteriores en al menos 2 contextos diferentes (por ejemplo, en la escuela, en el trabajo, en la vida social y en el hogar).

Criterio D: Hay problemas evidentes en la vida escolar, social o familiar por los síntomas.

Criterio E: Si existe algún otro problema (como depresión, deficiencia mental, psicosis, etc.), los síntomas no se pueden atribuir exclusivamente a él.

ASRS-18 – Para el diagnóstico de TDAH en adultos

El Adult Self-Report Scale, o escala de autoevaluación de Adultos (ASRS-18), es una herramienta importante para ayudar en el diagnóstico de **TDAH** en adultos. La escala fue desarrollada por investigadores en colaboración con la Organización Mundial de la Salud (OMS). Cómo ciertos síntomas aparecen con mayor énfasis en lugares específicos, como el trabajo, el hogar y el ocio, la escala es recomendable también para que sea llenada tanto por el paciente, como por sus familiares, compañeros de trabajo y / o amigos.

La escala tiene 18 artículos que abordan los síntomas presentes en el **criterio A** del DSM. Sin embargo, modificados y adaptados al contexto de la vida adulta. Y ofrece 5 diferentes puntuaciones para cada opción de respuesta de frecuencia:

1. **Nunca = 0 Puntos**
2. **Raramente = 1 Punto**
3. **Algunas veces = 2 puntos**
4. **Frecuentemente = 3 Puntos**
5. **Muy frecuentemente = 4 puntos**

Cómo Usar

Responda las preguntas abajo de acuerdo con la puntuación de las opciones de respuesta de frecuencia arriba que mejor representan como la persona evaluada se sintió y / o se comportó en los últimos seis meses.

PARTE A

1. ¿Con qué frecuencia usted comete errores por falta de atención cuando tiene que trabajar en un proyecto aburrido o difícil?
( ) Nunca
( ) Raramente
( ) Algunas veces
( ) Frecuentemente
( ) Muy frecuentemente

2. ¿Con qué frecuencia tienes dificultad para mantener la atención cuando estás haciendo un trabajo aburrido o repetitivo?
( ) Nunca
( ) Raramente
( ) Algunas veces
( ) Frecuentemente
( ) Muy frecuentemente

3. ¿Con qué frecuencia tiene dificultad para concentrarse en lo que la gente dice, incluso cuando están hablando directamente con usted?
( ) Nunca
( ) Raramente
( ) Algunas veces
( ) Frecuentemente
( ) Muy frecuentemente

4. ¿Con qué frecuencia usted deja un proyecto a la mitad después de haber hecho las partes más difíciles?

( ) Nunca

( ) Raramente

( ) Algunas veces

( ) Frecuentemente

( ) Muy frecuentemente

5. ¿Con qué frecuencia tienes dificultad para hacer un trabajo que requiere organización?

( ) Nunca

( ) Raramente

( ) Algunas veces

( ) Frecuentemente

( ) Muy frecuentemente

6. Cuando usted necesita hacer algo que requiere mucha concentración, ¿con qué frecuencia usted evita o retrasa el inicio?

( ) Nunca

( ) Raramente

( ) Algunas veces

( ) Frecuentemente

( ) Muy frecuentemente

7. ¿Con qué frecuencia colocas las cosas fuera del lugar o tienes dificultad para encontrar las cosas en casa o en el trabajo?

( ) Nunca

( ) Raramente

( ) Algunas veces

( ) Frecuentemente

( ) Muy frecuentemente

8. ¿Con qué frecuencia se distrae con actividades o ruido a su alrededor?
( ) Nunca
( ) Raramente
( ) Algunas veces
( ) Frecuentemente
( ) Muy frecuentemente

9. ¿Con qué frecuencia tiene dificultades para recordar compromisos o obligaciones?
( ) Nunca
( ) Raramente
( ) Algunas veces
( ) Frecuentemente
( ) Muy frecuentemente

PARTE B

1. ¿Con qué frecuencia te quedas moviendo en la silla o balanceando las manos o los pies cuando tienes que estar sentado durante mucho tiempo?
( ) Nunca
( ) Raramente
( ) Algunas veces
( ) Frecuentemente
( ) Muy frecuentemente

2. ¿Con qué frecuencia se levanta de la silla en reuniones o en otras situaciones donde debería estar sentado (a)?
( ) Nunca
( ) Raramente

( ) Algunas veces
( ) Frecuentemente
( ) Muy frecuentemente

3. ¿Con qué frecuencia se siente inquieto o agitado (a)?
( ) Nunca
( ) Raramente
( ) Algunas veces
( ) Frecuentemente
( ) Muy frecuentemente

4. ¿Con qué frecuencia tiene dificultad para tranquilizarse y relajarse cuando tiene tiempo libre?
( ) Nunca
( ) Raramente
( ) Algunas veces
( ) Frecuentemente
( ) Muy frecuentemente

5. ¿Con qué frecuencia se siente activo (a) demasiado y necesitando hacer cosas, como si estuviera "con un motor encendido"?
( ) Nunca
( ) Raramente
( ) Algunas veces
( ) Frecuentemente
( ) Muy frecuentemente

6. ¿Con qué frecuencia usted habla demasiado en situaciones sociales?
( ) Nunca
( ) Raramente

( ) Algunas veces
( ) Frecuentemente
( ) Muy frecuentemente

7. Cuando estás conversando, ¿con qué frecuencia te agarras terminando las frases de las personas antes de ellas?
( ) Nunca
( ) Raramente
( ) Algunas veces
( ) Frecuentemente
( ) Muy frecuentemente

8. ¿Con qué frecuencia tienes dificultad para esperar su turno en las situaciones donde cada uno tiene su turno?
( ) Nunca
( ) Raramente
( ) Algunas veces
( ) Frecuentemente
( ) Muy frecuentemente

9. ¿Con qué frecuencia usted interrumpen los demás cuando están ocupados?
( ) Nunca
( ) Raramente
( ) Algunas veces
( ) Frecuentemente
( ) Muy frecuentemente

Cómo Evaluar

Si los ítems de desatención de la **Parte A** (1 a 9) y / o los elementos de hiperactividad-impulsividad de la **Parte B** (1 a 9) tienen varias respuestas marcadas con FRECUENTEMENTE o MUY FRECUENTEMENTE existe gran posibilidad de que la persona evaluada sea portadora del **TDAH** (o sea, al menos 4 en cada una de las partes).

IMPORTANTE: No se puede hacer el diagnóstico de **TDAH** sólo con los síntomas presentados en la tabla. Para considerar el diagnóstico vea abajo los demás criterios que también son necesarios.

Criterio A: Síntomas (vistos en la tabla anterior)

Criterio B: Algunos de estos síntomas deben estar presentes desde precoz (hasta 12 años).

Criterio C: Existen problemas causados por los síntomas anteriores en al menos 2 contextos diferentes (por ejemplo, en el trabajo, en la vida social, en la universidad y en la relación conyugal o familiar).

Criterio D: Hay problemas evidentes por los síntomas.

Criterio E: Si existe la presencia de cualquier otro Trastorno (tal como depresión, deficiencia mental, psicosis, etc.), los síntomas no pueden atribuirse exclusivamente a él.

NOTA: El estudio americano que originó la creación de la ASRS-18 sugiere que una puntuación superior a 24 sea considerada como un fuerte indicio para la presencia del **TDAH** en el adulto. Sin embargo, es imprescindible la confirmación atestada por un especialista, considerando que muchos de los síntomas descritos en la escala pueden estar asociados a otras comorbilidades relacionadas con el **TDAH** y / o a otras condiciones psicopatológicas.

Criterios de Evaluación Preliminar
Para el TDAH en Adultos

Esta prueba se basa en la lista de los síntomas que caracterizan el Trastorno por Déficit de Atención con Hiperactividad (**TDAH**) en su manifestación adulta. Sin embargo, su validación debe ser considerada solamente como un recurso secundario para el indicio de la existencia del **TDAH**.

Cómo Usar

Marque en los subtipos de las frases abajo, las opciones que mejor se refieren a la persona evaluada. Al final, cuantas más alternativas estén señaladas, mayor será la probabilidad de la presencia del **TDAH**.

Tipo Inatento

(1) Prestan poca atención a los detalles y, a menudo cometen errores por falta de atención.

(2) Tiene dificultad para concentrarse al asistir a una conferencia, leer un libro, etc.

(3) A veces parece no escuchar cuando le dirigen la palabra directamente, o en una conversación acaba de prestar atención a otras cosas.

(4) Tiene dificultad en seguir las instrucciones (no por incapacidad en comprenderlas), prefiriendo siempre a hacer sus tareas "a su manera", en su "tiempo", muchas veces dejándolas inacabadas.

(5) Dificultad de organizar su tiempo para hacer algo o planear algo con antelación.

(6) Reluctancia para hacer o iniciar tareas que requieren esfuerzo mental y constante por mucho tiempo.

(7) Pierde objetos y / o olvida nombres, citas, fechas.

(8) Se distrae fácilmente con cosas a su alrededor o incluso con sus propios pensamientos, pareciendo muchas veces "soñar despierto".

(9) Presenta con frecuencia olvido en sus actividades diarias.

Es necesario que la persona tenga 5 o más de los síntomas anteriores, para tener mayor posibilidad del diagnóstico de **TDAH** del Tipo Desatento.

Tipo Hiperactivo / Impulsivo

(1) Movimientos de pies incesantes, las manos o se retuerce en su asiento.

(2) Demuestra dificultad para permanecer sentado en situaciones donde eso es lo esperado.

(3) Se siente incapaz de relajarse, descansar, la musculatura generalmente es tensa y está siempre en busca de algo para hacer.

(4) Tiene dificultad en permanecer en silencio durante actividades de ocio.

(5) Parece ser movido por un motor "eléctrico", pues está siempre, a "mil por hora".

(6) Habla, come, compra, o trabaja demasiado.

(7) Responde precipitadamente a las preguntas antes de que se hayan concluido. Responde preguntas escritas antes de leer hasta el final.

(8) Tiene dificultad en esperar a su turno: en conversaciones, filas, restaurantes.

(9) Interrumpe, a menudo, los demás en sus actividades y / o conversaciones.

Es necesario que la persona tenga 5 o más síntomas para tener mayor posibilidad del diagnóstico de **TDAH** del Tipo Hiperactivo / Impulsivo.

Tipo Combinado

Es necesario que la persona tenga 5 o más síntomas de cada uno de los 2 grupos anteriores para tener mayor posibilidad del diagnóstico de **TDAH** del tipo Combinado.

¡IMPORTANTE! En el diagnóstico de **TDAH**, además de los síntomas anteriores, los demás criterios también deben ser observados:

a) Los síntomas (vistos arriba).

b) Algunos de estos síntomas deben estar presentes antes de los 12 años de edad.

c) Hay problemas causados por los síntomas anteriores en al menos 2 contextos diferentes (trabajo, en la vida social, la universidad, la relación conyugal y / o familiar).

d) Hay problemas evidentes en la vida profesional, social, familiar y / o afectiva por los síntomas.

e) Si hay otro problema (como depresión, deficiencia mental, psicosis, etc.), los síntomas no se pueden atribuir exclusivamente a él.

TDAH – Screening Quiz for Adults

Desarrollado en los primeros años de la década de 1990, por Larry Jasper e Ivan Goldberg, el **TDAH** – Screening Quiz for Adults (Cuestionario de Clasificación para **TDAH** en Adultos) es una evaluación de selección para verificar la existencia del **TDAH** en adultos.

Cómo Usar

Los 24 artículos propuestos a continuación deben estar en armonía de cómo la persona evaluada se comportó y se sintió durante la mayor parte de su vida adulta. Si ha sido generalmente de una manera, pero ha cambiado recientemente, sus respuestas deben seguir la reflexión: "¿Cómo esta persona ha estado generalmente?" Después, para cada pregunta presentada, considere 1 de las 6 respuestas siguientes que mejor corresponda a la persona evaluada.

1. Nunca = 0 Puntos
2. Sólo un poco = 1 punto
3. Razonablemente = 2 Puntos
4. Moderadamente = 3 Puntos
5. La mayoría de las veces = 4 Puntos
6. Mucho = 5 Puntos

1. En casa, en el trabajo o en la escuela, siento que mi mente se aleja de las tareas desinteresadas o difíciles.

( ) Nunca
( ) Sólo un poco
( ) Razonablemente
( ) Moderadamente
( ) La mayoría de las veces
( ) Mucho

2. Me parece difícil leer textos escritos, a menos que sea sobre algo muy interesante y / o muy fácil de leer.

( ) Nunca
( ) Sólo un poco
( ) Razonablemente
( ) Moderadamente
( ) La mayoría de las veces
( ) Mucho

3. Especialmente en grupos, me parece difícil permanecer enfocado sobre lo que se está diciendo en las conversaciones.

( ) Nunca
( ) Sólo un poco
( ) Razonablemente
( ) Moderadamente
( ) La mayoría de las veces
( ) Mucho

4. Tengo un temperamento irritable y, normalmente, soy "mecha corta".

( ) Nunca
( ) Sólo un poco
( ) Razonablemente
( ) Moderadamente
( ) La mayoría de las veces
( ) Mucho

5. Me molesta fácilmente y me aburro por pequeñas cosas.

( ) Nunca
( ) Sólo un poco
( ) Razonablemente
( ) Moderadamente
( ) La mayoría de las veces
( ) Mucho

6. Muchas veces, yo hablo cosas sin pensar, y luego me arrepiento de haberlas dicho.

( ) Nunca
( ) Sólo un poco
( ) Razonablemente
( ) Moderadamente
( ) La mayoría de las veces
( ) Mucho

7. Generalmente, tomo decisiones precipitadas, sin evaluar lo suficiente sobre sus posibles consecuencias.

( ) Nunca
( ) Sólo un poco
( ) Razonablemente
( ) Moderadamente
( ) La mayoría de las veces
( ) Mucho

8. Tengo problemas en las relaciones interpersonales en virtud de mi tendencia a hablar primero y pensar después.

( ) Nunca
( ) Sólo un poco
( ) Razonablemente
( ) Moderadamente
( ) La mayoría de las veces

( ) Mucho

9. Mi humor oscila de un extremo al otro, entre altos y bajos.

( ) Nunca
( ) Sólo un poco
( ) Razonablemente
( ) Moderadamente
( ) La mayoría de las veces
( ) Mucho

10. Tengo dificultad de planear sobre qué orden debo seguir para realizar las tareas o actividades.

( ) Nunca
( ) Sólo un poco
( ) Razonablemente
( ) Moderadamente
( ) La mayoría de las veces
( ) Mucho

11. Me aburro con facilidad.

( ) Nunca
( ) Sólo un poco
( ) Razonablemente
( ) Moderadamente
( ) La mayoría de las veces
( ) Mucho

12. Tengo baja tolerancia a críticas negativas, y me molesta fácilmente con eso.

( ) Nunca
( ) Sólo un poco
( ) Razonablemente

( ) Moderadamente
( ) La mayoría de las veces
( ) Mucho

13. Estoy casi siempre me moviendo. Yo soy una persona muy agitada.

( ) Nunca
( ) Sólo un poco
( ) Razonablemente
( ) Moderadamente
( ) La mayoría de las veces
( ) Mucho

14. Me siento más cómodo cuando me estoy moviendo, que cuando estoy parado.

( ) Nunca
( ) Sólo un poco
( ) Razonablemente
( ) Moderadamente
( ) La mayoría de las veces
( ) Mucho

15. En las conversaciones, empiezo a responder a las preguntas antes de que las personas la formular completamente.

( ) Nunca
( ) Sólo un poco
( ) Razonablemente
( ) Moderadamente
( ) La mayoría de las veces
( ) Mucho

16. Yo suelo trabajar en más de un proyecto al mismo tiempo, y normalmente, acabo no concluyendo muchos de ellos.

( ) Nunca
( ) Sólo un poco
( ) Razonablemente
( ) Moderadamente
( ) La mayoría de las veces
( ) Mucho

17. Hay siempre muchas ideas, pensamientos y diálogos internos en mi cabeza, como una especie de "charla".

( ) Nunca
( ) Sólo un poco
( ) Razonablemente
( ) Moderadamente
( ) La mayoría de las veces
( ) Mucho

18. Incluso cuando estoy sentado en silencio, generalmente me muevo mis manos o pies.

( ) Nunca
( ) Sólo un poco
( ) Razonablemente
( ) Moderadamente
( ) La mayoría de las veces
( ) Mucho

19. En las actividades en grupo, es muy difícil tener que esperar mi turno.

( ) Nunca
( ) Sólo un poco
( ) Razonablemente

( ) Moderadamente
( ) La mayoría de las veces
( ) Mucho

20. Mi mente siempre es tan confusa que parece difícil conseguir un buen funcionamiento mental.

( ) Nunca
( ) Sólo un poco
( ) Razonablemente
( ) Moderadamente
( ) La mayoría de las veces
( ) Mucho

21. Pienso en varias cosas simultáneamente, y mis pensamientos parecen moverse como si mi mente fuera una máquina de flipe rama.

( ) Nunca
( ) Sólo un poco
( ) Razonablemente
( ) Moderadamente
( ) La mayoría de las veces
( ) Mucho

22. Mi cerebro parece un aparato de televisión con todos los canales conectados al mismo tiempo.

( ) Nunca
( ) Sólo un poco
( ) Razonablemente
( ) Moderadamente
( ) La mayoría de las veces
( ) Mucho

23. Cuando estoy devaneando queda hasta difícil parar de "soñar despierto".

( ) Nunca
( ) Sólo un poco
( ) Razonablemente
( ) Moderadamente
( ) La mayoría de las veces
( ) Mucho

24. Estoy angustiado por la manera desorganizada del funcionamiento de mi cerebro.

( ) Nunca
( ) Sólo un poco
( ) Razonablemente
( ) Moderadamente
( ) La mayoría de las veces
( ) Mucho

Cómo Evaluar

a) De 0 a 24 puntos – Probablemente no tiene **TDAH**

b) De 25 a 34 puntos – Posee sólo algunos síntomas del **TDAH**

c) De 35 a 49 puntos – La persona evaluada probablemente posee el **TDAH** con la gravedad actual promedio.

d) De 50 a 69 puntos – La persona evaluada, probablemente posee el **TDAH** con gravedad actual moderada.

e) Encima de 70 puntos – La persona evaluada tiene **TDAH**

NOTA: se debe tener en cuenta que, las puntuaciones altas en este examen pueden resultar de episodios de ansiedad, depresión o de manía. Estas condiciones deben descartarse antes de que se pueda confirmar un diagnóstico de **TDAH** en adulto.

Conners Rating Scales
Versiones para Padres y Profesores

Entre los instrumentos más utilizados actualmente para verificar las características diagnósticas del Trastorno por Déficit de Atención con Hiperactividad (**TDAH**) destacan para las Escalas de Evaluación de Conners – Versiones para Padres y Profesores. Elaborado en 1969, por el entonces psicólogo norteamericano, Carmen Keith Conners, la escala fue ligeramente adaptada a otros países, y con su amplia difusión se convirtió en una de las herramientas mejor evaluadas para constatar la presencia de los síntomas del **TDAH**. Sin embargo, a pesar de toda su eficacia reconocida mundialmente, por presentar una estructura similar al de una entrevista semiestructurada, su aplicación aislada, no puede confirmar el diagnóstico del **TDAH**.

Escala de Conners para Profesores – Versión Reducida

A continuación se presentan los problemas más frecuentes que afectan a los niños durante su proceso de desarrollo. Y, aunque muchas de estas características son adecuadas a los comportamientos normales, se debe analizar atentamente si estas manifestaciones presentan altos valores a nivel de intensidad, frecuencia y / o duración. Por lo tanto, las siguientes preguntas deben ser contestadas teniendo en cuenta el comportamiento del niño durante el mes pasado. Por lo tanto, se recomienda que, para cada ítem, pregunte: "¿Con qué frecuencia esto ocurrió en el último mes?" A continuación, para cada una de las 28 proposiciones presentadas, marque 1 de las 4 respuestas abajo que mejor corresponda a la persona evaluada.

1. Nunca = 0 Puntos

2. Un Poco = 1 punto

3. Frecuentemente = 2 Puntos

4. Muy Frecuentemente = 3 puntos

1.   Desatento. Es fácilmente distraído

( ) Nunca
( ) Un Poco
( ) Frecuentemente
( ) Muy Frecuentemente

2.   Conducta desafiante con adultos

( ) Nunca
( ) Un Poco
( ) Frecuentemente
( ) Muy Frecuentemente

3.   Inquieto. Parece tener "hormigas por el cuerpo" (mueve el cuerpo sin salir del lugar)

( ) Nunca
( ) Un Poco
( ) Frecuentemente

( ) Muy Frecuentemente

4. Olvida las cosas que (s) que había aprendido

( ) Nunca
( ) Un Poco
( ) Frecuentemente
( ) Muy Frecuentemente

5. Perturba a los otros niños

( ) Nunca
( ) Un Poco
( ) Frecuentemente
( ) Muy Frecuentemente

6. Desafía a los adultos y no colabora con los pedidos que se le hacen

( ) Nunca
( ) Un Poco
( ) Frecuentemente
( ) Muy Frecuentemente

7. Se mueve mucho, como si estuviera siempre "conectado a un motor"

( ) Nunca
( ) Un Poco
( ) Frecuentemente
( ) Muy Frecuentemente

8. Deletree de forma pobre

( ) Nunca

( ) Un Poco
( ) Frecuentemente
( ) Muy Frecuentemente

9. No es capaz de permanecer sosegado por mucho tiempo

( ) Nunca
( ) Un Poco
( ) Frecuentemente
( ) Muy Frecuentemente

10. Es vengativo o malvado

( ) Nunca
( ) Un Poco
( ) Frecuentemente
( ) Muy Frecuentemente

11. Se levanta del lugar en el aula o en otras situaciones donde debería estar sentado

( ) Nunca
( ) Un Poco
( ) Frecuentemente
( ) Muy Frecuentemente

12. Mueve los pies, las manos o está siempre inquieto en su lugar

( ) Nunca
( ) Un Poco
( ) Frecuentemente
( ) Muy Frecuentemente

13. Capacidad de lectura por debajo de lo esperado

( ) Nunca
( ) Un Poco
( ) Frecuentemente
( ) Muy Frecuentemente

14. Cuenta con un corto tiempo de atención

( ) Nunca
( ) Un Poco
( ) Frecuentemente
( ) Muy Frecuentemente

15. Por lo general, discute o contesta a los adultos

( ) Nunca
( ) Un Poco
( ) Frecuentemente
( ) Muy Frecuentemente

16. Dirige la atención únicamente a los asuntos de su interés

( ) Nunca
( ) Un Poco
( ) Frecuentemente
( ) Muy Frecuentemente

17. Tiene dificultad en esperar a su turno

( ) Nunca
( ) Un Poco
( ) Frecuentemente
( ) Muy Frecuentemente

18. Demuestra falta de interés por los trabajos escolares

( ) Nunca

( ) Un Poco
( ) Frecuentemente
( ) Muy Frecuentemente

19. Distraído o presenta un breve tiempo de atención

( ) Nunca
( ) Un Poco
( ) Frecuentemente
( ) Muy Frecuentemente

20. Tiene un temperamento explosivo e imprevisible

( ) Nunca
( ) Un Poco
( ) Frecuentemente
( ) Muy Frecuentemente

21. Corre alrededor del espacio de forma excesiva en situaciones que estos comportamientos son inadecuados

( ) Nunca
( ) Un Poco
( ) Frecuentemente
( ) Muy Frecuentemente

22. Tiene conocimiento pobre en aritmética

( ) Nunca
( ) Un Poco
( ) Frecuentemente
( ) Muy Frecuentemente

23. Interrumpe y / o se entromete en los juegos o conversaciones de otras personas

( ) Nunca
( ) Un Poco
( ) Frecuentemente
( ) Muy Frecuentemente

24. Tiene dificultad para empeñarse en juegos o actividades de ocio, de forma sosegada

( ) Nunca
( ) Un Poco
( ) Frecuentemente
( ) Muy Frecuentemente

25. Generalmente, no termina las cosas que comienza

( ) Nunca
( ) Un Poco
( ) Frecuentemente
( ) Muy Frecuentemente

26. Por lo general no seguir las instrucciones dadas a usted y no termina las actividades escolares (no debido a la conducta de oposición o una falta de comprensión de lo que se pidió)

( ) Nunca
( ) Un Poco
( ) Frecuentemente
( ) Muy Frecuentemente

27. Excitable e impulsivo

( ) Nunca
( ) Un Poco

( ) Frecuentemente
( ) Muy Frecuentemente

28. Inquieto. Está siempre levantándose de la silla y moviéndose por el espacio de la sala

( ) Nunca
( ) Un Poco
( ) Frecuentemente
( ) Muy Frecuentemente

Escala de Conners para los Padres – Versión reducida

A continuación se presentan los problemas más frecuentes que afectan a los niños durante su proceso de desarrollo. Y, aunque muchas de estas características son adecuadas a los comportamientos normales, se debe analizar atentamente si estas manifestaciones presentan altos valores a nivel de intensidad, frecuencia y / o duración. De esta manera, las preguntas abajo deben ser respondidas considerando el comportamiento del niño durante el último mes. Por lo tanto, se recomienda que, para cada ítem, pregunte: "¿Con qué frecuencia esto ocurrió en el último mes?" A continuación, para cada una de las 27 proposiciones presentadas, marque 1 de las 4 respuestas abajo que mejor corresponda a la persona evaluada.

1. **Nunca = 0 Puntos**

2. **Un Poco = 1 punto**

3. **Frecuentemente = 2 Puntos**

4. **Muy Frecuentemente = 3 puntos**

1. **Desatento. Se distrae fácilmente**

( ) Nunca

( ) Un Poco

( ) Frecuentemente

( ) Muy Frecuentemente

2. Furioso Si irrita con facilidad, y queda resentido

( ) Nunca

( ) Un Poco

( ) Frecuentemente

( ) Muy Frecuentemente

3. Dificultad en hacer o terminar los trabajos de casa

( ) Nunca

( ) Un Poco

( ) Frecuentemente

( ) Muy Frecuentemente

4. Está siempre moviendo o actúa como "teniendo las pilas cargadas" o como si "estuviera ligado a un motor"

( ) Nunca

( ) Un Poco

( ) Frecuentemente

( ) Muy Frecuentemente

5. Tiempo corto de atención

( ) Nunca

( ) Un Poco

( ) Frecuentemente

( ) Muy Frecuentemente

6. Discute y / o argumenta con los adultos de manera inadecuada

( ) Nunca

( ) Un Poco

( ) Frecuentemente

( ) Muy Frecuentemente

7. Mueve mucho con los pies y las manos, o te mueves incluso cuando estás sentado en un lugar

( ) Nunca

( ) Un Poco

( ) Frecuentemente

( ) Muy Frecuentemente

8. Generalmente, no consigue y / o tiene dificultad para completar sus actividades

( ) Nunca

( ) Un Poco

( ) Frecuentemente

( ) Muy Frecuentemente

9. Tiene mayor dificultad para sí controlar en centros comerciales o lugares públicos

( ) Nunca

( ) Un Poco

( ) Frecuentemente

( ) Muy Frecuentemente

10. Desordenado y / o desorganizado en casa y / o en la escuela

( ) Nunca

( ) Un Poco

( ) Frecuentemente

( ) Muy Frecuentemente

11. Irascible. Perder el control con facilidad

( ) Nunca

( ) Un Poco

( ) Frecuentemente

( ) Muy Frecuentemente

12. Necesita ser cobrado o acompañado para realizar sus tareas

( ) Nunca

( ) Un Poco

( ) Frecuentemente

( ) Muy Frecuentemente

13. Sólo presta atención a las cosas que le interesan

( ) Nunca

( ) Un Poco

( ) Frecuentemente

( ) Muy Frecuentemente

14. Corre alrededor de los espacios de forma excesiva en situaciones donde estos comportamientos son inapropiados

( ) Nunca

( ) Un Poco

( ) Frecuentemente

( ) Muy Frecuentemente

15. Distraído y / o con un tiempo de atención corto

( ) Nunca

( ) Un Poco

( ) Frecuentemente

( ) Muy Frecuentemente

16. Irritable

( ) Nunca

( ) Un Poco

( ) Frecuentemente

( ) Muy Frecuentemente

17. Evita tareas que requieren un esfuerzo mental continuado (tal como trabajos de la escuela o de la casa)

( ) Nunca

( ) Un Poco

( ) Frecuentemente

( ) Muy Frecuentemente

18. Irrequieto, parece que "tiene hormigas en el cuerpo" (mueve el cuerpo sin salir del lugar)

( ) Nunca

( ) Un Poco

( ) Frecuentemente

( ) Muy Frecuentemente

19. Se distrae mientras le están dando instrucciones para hacer una cosa

( ) Nunca

( ) Un Poco

( ) Frecuentemente

( ) Muy Frecuentemente

20. Desafía el adulto o se niega a cumplir las órdenes que se le hizo

( ) Nunca

( ) Un Poco

( ) Frecuentemente

( ) Muy Frecuentemente

21. Demuestra problemas de concentración durante lecciones

( ) Nunca

( ) Un Poco

( ) Frecuentemente

( ) Muy Frecuentemente

22. Tiene dificultad para permanecer parado en una fila o esperar a su turno en un juego o en un trabajo de grupo

( ) Nunca

( ) Un Poco

( ) Frecuentemente

( ) Muy Frecuentemente

23. Levántese de la silla en el aula o en otros lugares donde debería permanecer sentado

( ) Nunca

( ) Un Poco

( ) Frecuentemente

( ) Muy Frecuentemente

24. Deliberadamente hace cosas para molestar a los demás.

( ) Nunca

( ) Un Poco

( ) Frecuentemente

( ) Muy Frecuentemente

25. No sigue instrucciones y normalmente no termina los trabajos, tareas y obligaciones en el lugar (mismo sin dificultad para comprender las instrucciones o negativa)

( ) Nunca

( ) Un Poco

( ) Frecuentemente

( ) Muy Frecuentemente

26. Tiene dificultad para jugar o trabajar en silencio, tranquilamente

( ) Nunca

( ) Un Poco

( ) Frecuentemente

( ) Muy Frecuentemente

27. Se siente frustrado cuando no puede realizar algunas cosas

( ) Nunca

( ) Un Poco

( ) Frecuentemente

( ) Muy Frecuentemente

Escala de Conners para Padres y Profesores
Versión Adaptada

Adaptado y validado en **casi todo el** mundo, la versión integrada de la escala de Conners para padres y profesores se compone de cuatro factores distribuidos entre 81 proposiciones, que se caracterizan por el perfil resultante de niños y / o adolescentes con **TDAH**. Así, mientras que algunas escalas solamente investigan la presencia de manifestaciones sintomáticas actuales, escalas de valoración Conners permite además analizar sistemáticamente, cada uno de los síntomas incluidos en el DSM, que se remontan a la infancia y la adolescencia.

1. **Nunca = 0 Puntos**
2. **A veces = 1 Punto**
3. **Frecuentemente = 2 Puntos**
4. **Siempre = 3 Puntos**

Versión para padres – Punto de corte igual a 58

1. Comportamiento habitual en casa

Despierta durante la noche
( ) Nunca
( ) A veces

( ) Frecuentemente

( ) Siempre

Tiene miedo de situaciones nuevas

( ) Nunca

( ) A veces

( ) Frecuentemente

( ) Siempre

Tiene miedo de gente

( ) Nunca

( ) A veces

( ) Frecuentemente

( ) Siempre

Tiene miedo de quedarse solo

( ) Nunca

( ) A veces

( ) Frecuentemente

( ) Siempre

Preocupaciones con enfermedades y muerte

( ) Nunca

( ) A veces

( ) Frecuentemente

( ) Siempre

Se muestra tenso y rígido

( ) Nunca

( ) A veces

( ) Frecuentemente

( ) Siempre

Presenta espasmos musculares

( ) Nunca

( ) A veces

( ) Frecuentemente

( ) Siempre

Presenta temblores

( ) Nunca

( ) A veces

( ) Frecuentemente

( ) Siempre

Siente dolores de cabeza

( ) Nunca

( ) A veces

( ) Frecuentemente

( ) Siempre

Siente dolores de estómago

( ) Nunca

( ) A veces

( ) Frecuentemente

( ) Siempre

Tiene vómitos

( ) Nunca

( ) A veces

( ) Frecuentemente

( ) Siempre

Se queja de enfermedades y dolores

( ) Nunca

( ) A veces

( ) Frecuentemente

( ) Siempre

Es influenciado por otros niños

( ) Nunca

( ) A veces

( ) Frecuentemente

( ) Siempre

Desafía e intimida a los demás

( ) Nunca

( ) A veces

( ) Frecuentemente

( ) Siempre

Es valiente (arrogante) y no respeta a sus superiores (insolente)

( ) Nunca

( ) A veces

( ) Frecuentemente

( ) Siempre

Es descarado con los adultos

( ) Nunca

( ) A veces

( ) Frecuentemente

( ) Siempre

Tímido delante los amigos

( ) Nunca

( ) A veces

( ) Frecuentemente

( ) Siempre

Temes no complacer a tus amigos

( ) Nunca

( ) A veces

( ) Frecuentemente

( ) Siempre

Tiene amigos

( ) Nunca

( ) A veces

( ) Frecuentemente

( ) Siempre

Es malicioso con sus hermanos

( ) Nunca

( ) A veces

( ) Frecuentemente

( ) Siempre

Provoca peleas constantemente

( ) Nunca

( ) A veces

( ) Frecuentemente

( ) Siempre

Critica mucho a otros niños

( ) Nunca

( ) A veces

( ) Frecuentemente

( ) Siempre

Aprende las lecciones enseñadas en la escuela

( ) Nunca

( ) A veces

( ) Frecuentemente

( ) Siempre

Le gusta ir a la escuela

( ) Nunca

( ) A veces

( ) Frecuentemente

( ) Siempre

Tiene miedo de ir a la escuela

( ) Nunca

( ) A veces

( ) Frecuentemente

( ) Siempre

No obedece las reglas de la escuela

( ) Nunca

( ) A veces

( ) Frecuentemente

( ) Siempre

Mente, culpando a los demás por sus errores

( ) Nunca

( ) A veces

( ) Frecuentemente

( ) Siempre

Roba cosas de sus padres

( ) Nunca

( ) A veces

( ) Frecuentemente

( ) Siempre

Roba en la escuela

( ) Nunca

( ) A veces

( ) Frecuentemente

( ) Siempre

Roba en puestos, tiendas y en otros lugares

( ) Nunca

( ) A veces

( ) Frecuentemente

( ) Siempre

Tiene problemas con las autoridades

( ) Nunca

( ) A veces

( ) Frecuentemente

( ) Siempre

Intenta hacer todo bien hecho (perfeccionista)

( ) Nunca

( ) A veces

( ) Frecuentemente

( ) Siempre

Hay necesidad de hacer siempre las cosas de la misma manera

( ) Nunca

( ) A veces

( ) Frecuentemente

( ) Siempre

Tiene grandes objetivos (sueña alta)

( ) Nunca

( ) A veces

( ) Frecuentemente

( ) Siempre

Se distrae fácilmente

( ) Nunca

( ) A veces

( ) Frecuentemente

( ) Siempre

Se muestra nervioso e inquieto

( ) Nunca

( ) A veces

( ) Frecuentemente

( ) Siempre

No puede quedarse quieto

( ) Nunca

( ) A veces

( ) Frecuentemente

( ) Siempre

Se mueve por todas partes de los lugares donde está

( ) Nunca

( ) A veces

( ) Frecuentemente

( ) Siempre

Despierta muy temprano

( ) Nunca

( ) A veces

( ) Frecuentemente

( ) Siempre

No puede estar tranquilo incluso durante las comidas

( ) Nunca

( ) A veces

( ) Frecuentemente

( ) Siempre

Cuando comienza a hacer algo repetitivo tiene dificultad para detener

( ) Nunca

( ) A veces

( ) Frecuentemente

( ) Siempre

Sus actitudes parecen movidas por un motor

( ) Nunca

( ) A veces

( ) Frecuentemente

( ) Siempre

Versión para profesores – Punto de corte igual a 62

2. Comportamiento en el aula

Está constantemente moviéndose

( ) Nunca

( ) A veces

( ) Frecuentemente

( ) Siempre

Emite sonidos, ruidos

( ) Nunca

( ) A veces

( ) Frecuentemente

( ) Siempre

Le gusta cuando sus órdenes son atendidas muy rápido

( ) Nunca

( ) A veces

( ) Frecuentemente

( ) Siempre

Posee una coordinación motora comprometida

( ) Nunca

( ) A veces

( ) Frecuentemente

( ) Siempre

Inquieto, superactivo

( ) Nunca

( ) A veces

( ) Frecuentemente

( ) Siempre

Excitable, impulsivo

( ) Nunca

( ) A veces

( ) Frecuentemente

( ) Siempre

Desatento y fácilmente distraído

( ) Nunca

( ) A veces

( ) Frecuentemente

( ) Siempre

Por lo general no termina lo que comienza

( ) Nunca

( ) A veces

( ) Frecuentemente

( ) Siempre

Excesivamente sensible

( ) Nunca

( ) A veces

( ) Frecuentemente

( ) Siempre

Extremadamente serio y / o triste

( ) Nunca

( ) A veces

( ) Frecuentemente

( ) Siempre

Sueña despierto

( ) Nunca

( ) A veces

( ) Frecuentemente

( ) Siempre

Malhumorado, gruñón

( ) Nunca

( ) A veces

( ) Frecuentemente

( ) Siempre

Llora con facilidad

( ) Nunca

( ) A veces

( ) Frecuentemente

( ) Siempre

Molesta otros niños

( ) Nunca

( ) A veces

( ) Frecuentemente

( ) Siempre

Provoca confusiones

( ) Nunca

( ) A veces

( ) Frecuentemente

( ) Siempre

Humor oscila drásticamente y con rapidez

( ) Nunca

( ) A veces

( ) Frecuentemente

( ) Siempre

Ingenioso, le gusta lucir inteligente

( ) Nunca

( ) A veces

( ) Frecuentemente

( ) Siempre

Destructivo

( ) Nunca

( ) A veces

( ) Frecuentemente

( ) Siempre

Comete robos

( ) Nunca

( ) A veces

( ) Frecuentemente

( ) Siempre

Mente

( ) Nunca

( ) A veces

( ) Frecuentemente

( ) Siempre

Explosiones de rabia, comportamiento impredecible

( ) Nunca

( ) A veces

( ) Frecuentemente

( ) Siempre

3. Participación en grupo

Se aísla de los otros niños
( ) Nunca
( ) A veces
( ) Frecuentemente
( ) Siempre
No sentirse aceptado por el grupo
( ) Nunca
( ) A veces
( ) Frecuentemente
( ) Siempre
Parece que es fácilmente influenciado
( ) Nunca
( ) A veces
( ) Frecuentemente
( ) Siempre
No demuestra "espíritu deportivo"
( ) Nunca
( ) A veces
( ) Frecuentemente
( ) Siempre

No parece tener habilidades de liderazgo

( ) Nunca

( ) A veces

( ) Frecuentemente

( ) Siempre

No se relaciona bien con el sexo opuesto

( ) Nunca

( ) A veces

( ) Frecuentemente

( ) Siempre

No se relaciona bien con niños del mismo sexo

( ) Nunca

( ) A veces

( ) Frecuentemente

( ) Siempre

Irrita a otros niños o interfiere deliberadamente en sus actividades

( ) Nunca

( ) A veces

( ) Frecuentemente

( ) Siempre

4. Actitud hacia las autoridades

Sumiso

( ) Nunca

( ) A veces

( ) Frecuentemente

( ) Siempre

Desafiador

( ) Nunca

( ) A veces

( ) Frecuentemente

( ) Siempre

Insolente

( ) Nunca

( ) A veces

( ) Frecuentemente

( ) Siempre

Tímido

( ) Nunca

( ) A veces

( ) Frecuentemente

( ) Siempre

Temeroso

( ) Nunca

( ) A veces

( ) Frecuentemente

( ) Siempre

Excesiva exigencia de la atención. Principalmente, del profesor

( ) Nunca

( ) A veces

( ) Frecuentemente

( ) Siempre

Obstinado

( ) Nunca

( ) A veces

( ) Frecuentemente

( ) Siempre

Excesivamente ansiosa de complacer

( ) Nunca

( ) A veces

( ) Frecuentemente

( ) Siempre

Falta de cooperación

( ) Nunca

( ) A veces

( ) Frecuentemente

( ) Siempre

Falta a las clases con frecuencia

( ) Nunca

( ) A veces

( ) Frecuentemente

( ) Siempre

Structured Adult ADHD Self-Test (SAAST)

Desarrollado por el Dr. Greg Mulhauser, la auto prueba estructurado para adultos con **TDAH** es una evaluación de selección que sirve sólo como una característica indicativa para el diagnóstico de **TDAH** en adultos. Constaba de 22 preguntas que diferencian entre dos componentes distintos del diagnóstico de **TDAH** (falta de atención con hiperactividad / impulsividad) esta herramienta se muestra también sensibles a los factores que normalmente previenen el diagnóstico de **TDAH**.

Cómo Usar

De acuerdo con los valores presentados para las 4 opciones de respuesta, las 22 sentencias propuestas abajo deben corresponder a la manera de cómo la persona evaluada se sintió y se comportó durante la mayor parte de su vida adulta.

1. No, de ningún modo = 0 puntos

2. Sí, un poco = 1 punto

3. Sí, moderadamente = 2 Puntos

4. Sí, mucho = 3 puntos

1. Descubrí que cometí errores por descuidos en el trabajo, en la escuela o en otras actividades, porque tengo dificultad en prestar atención a los detalles.

( ) No, de ningún modo

( ) Sí, un poco

( ) Sí, moderadamente

( ) Sí, mucho

2.   2 Tengo tendencia a moverse con las manos, los pies, o de me retorcer a menudo, en los lugares que debería permanecer quieto

( ) No, de ningún modo

( ) Sí, un poco

( ) Sí, moderadamente

( ) Sí, mucho

3.   Muchas veces me distrajo y me pierdo de lo que se está diciendo en las conversaciones.

( ) No, de ningún modo

( ) Sí, un poco

( ) Sí, moderadamente

( ) Sí, mucho

4.   Prefiero correr o subir en las cosas, incluso cuando sé que no encaja en la situación.

( ) No, de ningún modo

( ) Sí, un poco

( ) Sí, moderadamente

( ) Sí, mucho

5. Me parece difícil organizar mis tareas y / o actividades.

( ) No, de ningún modo

( ) Sí, un poco

( ) Sí, moderadamente

( ) Sí, mucho

6. Estoy a menudo en movimiento.

( ) No, de ningún modo

( ) Sí, un poco

( ) Sí, moderadamente

( ) Sí, mucho

7. Yo suelo perder cosas que necesito para usar en la escuela o en el trabajo.

( ) No, de ningún modo

( ) Sí, un poco

( ) Sí, moderadamente

( ) Sí, mucho

8. No puedo dejar de responder antes mismo de que alguien haya terminado de hacer una pregunta.

( ) No, de ningún modo

( ) Sí, un poco

( ) Sí, moderadamente

( ) Sí, mucho

9. Me olvido durante mis actividades diarias.

( ) No, de ningún modo

( ) Sí, un poco

( ) Sí, moderadamente

( ) Sí, mucho

10. Me parece difícil mantener mi atención en lo que estoy haciendo, ya sea trabajando o jugando.

( ) No, de ningún modo

( ) Sí, un poco

( ) Sí, moderadamente

( ) Sí, mucho

11. Me parece difícil quedarse sentado, incluso cuando sé que necesito esperar algo.

( ) No, de ningún modo

( ) Sí, un poco

( ) Sí, moderadamente

( ) Sí, mucho

12. **Me parece difícil seguir instrucciones o completar tareas o deberes, incluso comprendiendo que eso es lo que se espera de mí.**

( ) No, de ningún modo

( ) Sí, un poco

( ) Sí, moderadamente

( ) Sí, mucho

13. **Me parece difícil involucrarme en actividades lúdicas o de ocio que son silenciosas.**

( ) No, de ningún modo

( ) Sí, un poco

( ) Sí, moderadamente

( ) Sí, mucho

14. **No me gusta tener que hacer algo que requiere un esfuerzo mental sostenido.**

( ) No, de ningún modo

( ) Sí, un poco

( ) Sí, moderadamente

( ) Sí, mucho

15. **Yo suelo hablar excesivamente.**

( ) No, de ningún modo

( ) Sí, un poco

( )   Sí, moderadamente

( ) Sí, mucho

16.   Estoy fácilmente distraído.

( ) No, de ningún modo

( ) Sí, un poco

( )   Sí, moderadamente

( ) Sí, mucho

17.   Tengo dificultad en esperar mi turno.

( ) No, de ningún modo

( ) Sí, un poco

( )   Sí, moderadamente

( ) Sí, mucho

18.   A menudo interrumpí a los demás.

( ) No, de ningún modo

( ) Sí, un poco

( )   Sí, moderadamente

( ) Sí, mucho

19. Incluso antes de los 7 años de edad, algunas de las cuestiones anteriores (1-18) todavía se habían marcado con "Sí, moderadamente" o "Sí, mucho".

( ) No

( ) Sí

20. Tengo problemas relacionados con algunas de las situaciones anteriores en más de un contexto. Es decir, tengo manifestaciones de esos problemas no sólo en casa, ni solamente en el trabajo.

( ) No

( ) Sí

21. La presencia de estos problemas suele desencadenar algunos perjuicios en mi vida social, académica, profesional y / o en mis relaciones interpersonales.

( ) No, de ningún modo
( ) Sí, un poco
( )   Sí, moderadamente
( ) Sí, mucho

22. Ya me diagnosticaron antes con otro Trastorno que también podría justificar los tipos de experiencias propuestas arriba. O creo que poso estar pasando por tal desorden. Esto puede incluir Trastorno Generalizado del Desarrollo (PDD), Trastorno del estado de ánimo, Trastorno

de ansiedad, **Trastorno disociativo, Trastorno de la personalidad, esquizofrenia, u otro Trastorno psicótico.**

( ) No

( ) Sí

Cómo Evaluar

Puntuación para las preguntas 1-18:
0 – No, de ningún modo
1 – Sí, un poco
2 – Sí, moderadamente
3 – Sí, mucho

Esto produce una puntuación máxima total de 54. La pregunta 21 se puntea en la misma escala, sin embargo, se utiliza para juzgar si un diagnóstico de **TDAH** debe ser excluido. Por lo tanto, no debe ser incluida en el total final de los puntos. Las preguntas 19, 20 y 22 con la posibilidad de respuestas sólo a SÍ / NO se puntuan como una opción binaria y se utilizan de nuevo para descartar el diagnóstico de **TDAH**. Por ejemplo, la pregunta 19 sobre la presencia de los síntomas antes de los 7 años.

Información Adicional

Las puntuaciones por encima 24, junto con la ausencia de

Factores atenuantes (otras condiciones médicas) son generalmente consistente para la presencia de **TDAH**. Luego, si la persona evaluada obtuvo más de 24 puntos en esta prueba es recomendable que busque un especialista para realizar una evaluación más detallada y precisa.

Cuestionario Inicial Para Padres Y Profesores

Compuesto por 179 sentencias, la versión incorporada del Cuestionario Inicial para los Padres y Profesores fue desarrollado mediante la combinación de las características presente en 4 herramientas diferentes que se utilizan en el diagnóstico de **TDAH**: **(1)** DSM, **(2)** Child Behavior Checklist (CBCL), **(3)** Escala de Conners, **(4)** SNAP-IV.

Cómo Usar

A continuación se enumeran los términos descriptivos de los comportamientos de su alumno o hijo. Lea atentamente cada ítem y de acuerdo con las 5 opciones abreviadas de respuesta abajo, marque la que mejor corresponde a la persona evaluada.

1. Nunca / Ni un poco = (N)

2. A Veces / Raramente = (AV)

3. Muchas Veces / Frecuentemente = (MV)

4. Siempre = (S)

5. No Sé Informar = (NSI)

1. Tiene dificultad para adquirir nuevas habilidades motoras

(N)

(A V)

(M V)

(S)

(N S I)

2. Tiene dificultades para lanzar y recepcionar una pelota

(N)

(A V)

(M V)

(S)

(N S I)

3. Tiene dificultades para correr a distintas velocidades (deprisa, despacio)

(N)

(A V)

(M V)

(S)

(N S I)

4. Tiene dificultad (no le gusta) participar en juegos deportivos.

(N)

(A V)

(M V)

(S)

(N S I)

5. Tiene problemas de equilibrio.

(N)

(A V)

(M V)

(S)

(N S I)

6. Tropieza y se cae frecuentemente

(N)

(A V)

(M V)

(S)

(N S I)

7. Sus movimientos son torpes

(N)

(A V)

(M V)

(S)

(N S I)

8. Tiene dificultades para dibujar

(N)

(A V)

(M V)

(S)

(N S I)

9. Tiene dificultades para manipular objetos pequeños

(N)

(A V)

(M V)

(S)

(N S I)

10. Tiene dificultades para verter agua en un vaso

(N)

(A V)

(M V)

(S)

(N S I)

11. Frecuentemente se tira la comida por encima al comer

(N)

(A V)

(M V)

(S)

(N S I)

12. Tiene dificultades para usar el cuchillo y el tenedor

(N)

(A V)

(M V)

(S)

(N S I)

13. Tiene dificultades para abotonarse los botones o atarse los zapatos

(N)

(A V)

(M V)

(S)

(N S I)

14. Tiene dificultades para utilizar el bolígrafo/ lapicero

(N)

(A V)

(M V)

(S)

(N S I)

15. No presenta una dominancia lateral manual clara

(N)

(A V)

(M V)

(S)

(N S I)

16. Su escritura es lenta y torpe

(N)

(A V)

(M V)

(S)

(NSI)

17. Coge el bolígrafo/lapicero de manera incorrecta o inmadura
(N)
(AV)
(MV)
(S)
(NSI)

18. Se equivoca cuando tiene que poner atención a los detalles
(N)
(AV)
(MV)
(S)
(NSI)

19. Tiene dificultad para mantener la atención
(N)
(AV)
(MV)
(S)
(NSI)

20. No parece escuchar cuando le hablan
(N)
(AV)
(MV)
(S)
(NSI)

21. Tiene dificultad para seguir instrucciones concretas
(N)
(A V)
(M V)
(S)
(N S I)

22. Tiene dificultad para organizar las tareas
(N)
(A V)
(M V)
(S)
(N S I)

23. No le gustan las tareas que requieren esfuerzo mental
(N)
(A V)
(M V)
(S)
(N S I)

24. Pierde las cosas con facilidad
(N)
(A V)
(M V)
(S)
(N S I)

25. Se distrae fácilmente
(N)
(A V)
(M V)

(S)
(NSI)

26. Es olvidadizo con las actividades diarias
(N)
(AV)
(MV)
(S)
(NSI)

27. No para de mover las manos o los pies
(N)
(AV)
(MV)
(S)
(NSI)

28. Frecuentemente se levanta de su sitio o de su asiento
(N)
(AV)
(MV)
(S)
(NSI)

29. Corre constantemente y trepa a lugares elevados
(N)
(AV)
(MV)
(S)
(NSI)

30. Tiene dificultad para jugar tranquilamente

(N)
(AV)
(MV)
(S)
(NSI)

31. Está frecuentemente en movimiento
(N)
(AV)
(MV)
(S)
(NSI)

32. Habla excesivamente
(N)
(AV)
(MV)
(S)
(NSI)

33. Responde bruscamente
(N)
(AV)
(MV)
(S)
(NSI)

34. Tiene dificultades para esperar turno
(N)
(AV)
(MV)
(S)

(NSI)

35. Interrumpe o molesta a los demás
(N)
(AV)
(MV)
(S)
(NSI)

36. Le cuesta ponerse en marcha o comenzar la actividad
(N)
(AV)
(MV)
(S)
(NSI)

37. Tiene dificultad para completar las tareas
(N)
(AV)
(MV)
(S)
(NSI)

38. Sueña despierto
(N)
(AV)
(MV)
(S)
(NSI)

39. Presenta falta de energía y movimientos lentos
(N)

(A V)
(M V)
(S)
(N S I)

40. Tiene dificultades para comprender las consecuencias
(N)
(A V)
(M V)
(S)
(N S I)

41. Tiene dificultades para planear la terminación de las tareas...
(N)
(A V)
(M V)
(S)
(N S I)

42. Tiene dificultad para terminar tareas complejas
(N)
(A V)
(M V)
(S)
(N S I)

43. Tiene dificultad para encontrar el camino para evitar un obstáculo
(N)
(A V)
(M V)

(S)
(NSI)

44. Se siente desconcertado por las grandes diferencias...
(N)
(AV)
(MV)
(S)
(NSI)

45. Tiene dificultades para calcular distancias o tamaños
(N)
(AV)
(MV)
(S)
(NSI)

46. Tiene dificultad para saber cómo cambian o se modifican las cosas
(N)
(AV)
(MV)
(S)
(NSI)

47. Se choca con la demás gente
(N)
(AV)
(MV)
(S)
(NSI)

48. Sus conceptos temporales son pobres
(N)
(A V)
(M V)
(S)
(N S I)

49. Tiene una vaga idea sobre qué hora es
(N)
(A V)
(M V)
(S)
(N S I)

50. Pregunta constantemente la hora que es
(N)
(A V)
(M V)
(S)
(N S I)

51. Tiene dificultad para entender los conceptos temporales
(N)
(A V)
(M V)
(S)
(N S I)

52. No le preocupa llevar la ropa apropiada
(N)
(A V)
(M V)

(S)
(NSI)

53. No siente el frio
(N)
(AV)
(MV)
(S)
(NSI)

54. Tiene poca conciencia corporal
(N)
(AV)
(MV)
(S)
(NSI)

55. Es hipersensible al tacto
(N)
(AV)
(MV)
(S)
(NSI)

56. Tiene dificultad para imitar los movimientos de otras personas
(N)
(AV)
(MV)
(S)
(NSI)

57. Interpreta mal los dibujos

(N)

(A V)

(M V)

(S)

(N S I)

58. Tiene dificultad para percibir diferencias entre formas similares

(N)

(A V)

(M V)

(S)

(N S I)

59. Tiene dificultad para dibujar imágenes concretas

(N)

(A V)

(M V)

(S)

(N S I)

60. Tiene dificultad para realizar puzzles

(N)

(A V)

(M V)

(S)

(N S I)

61. Tiene dificultad para recordar datos personales

(N)

(A V)

(MV)
(S)
(NSI)

62. Tiene dificultad para recordar los nombres de la gente
(N)
(AV)
(MV)
(S)
(NSI)

63. Tiene dificultad para recordar los nombres de los días, meses
(N)
(AV)
(MV)
(S)
(NSI)

64. Tiene dificultad para recordar hechos de otras personas
(N)
(AV)
(MV)
(S)
(NSI)

65. Tiene dificultad para recordar eventos vividos recientemente
(N)
(AV)
(MV)
(S)

(NSI)

66. Tiene dificultad para recordar situaciones pasadas
(N)
(AV)
(MV)
(S)
(NSI)

67. Tiene dificultad para recordar dónde puso las cosas
(N)
(AV)
(MV)
(S)
(NSI)

68. Tiene dificultad para recordar citas o encuentros
(N)
(AV)
(MV)
(S)
(NSI)

69. Tiene dificultad para aprender cosas de la rutina diaria
(N)
(AV)
(MV)
(S)
(NSI)

70. Tiene dificultad para recordar instrucciones complejas
(N)

(A V)
(M V)
(S)
(N S I)

71. Tiene dificultad para adquirir nuevos hábitos.
(N)
(A V)
(M V)
(S)
(N S I)

72. Tiene dificultad para entender explicaciones o instrucciones
(N)
(A V)
(M V)
(S)
(N S I)

73. Tiene dificultades para seguir una historia leída en voz alta
(N)
(A V)
(M V)
(S)
(N S I)

74. Dificultad para entender el significado de lo que se está diciendo
(N)
(A V)

(M V)
(S)
(N S I)

75. Tiene dificultad con los conceptos abstractos

(N)
(A V)
(M V)
(S)
(N S I)

76. Tiende a interpretar mal lo que se está diciendo

(N)
(A V)
(M V)
(S)
(N S I)

77. Duda al deletrear o decir sonidos de letras

(N)
(A V)
(M V)
(S)
(N S I)

78. Tiene dificultades para aprender el nombre de los colores, las personas

(N)
(A V)
(M V)
(S)
(N S I)

79. Tiene dificultades para encontrar la palabra verdadera, correcta

(N)

(A V)

(M V)

(S)

(N S I)

80. Tiende a recordar las palabras incorrectamente

(N)

(A V)

(M V)

(S)

(N S I)

81. Tiene dificultad para expresar lo que quiere

(N)

(A V)

(M V)

(S)

(N S I)

82. Tiene dificultad para hablar con fluidez

(N)

(A V)

(M V)

(S)

(N S I)

83. Tiene dificultades para expresarse con frases enteras

(N)

(A V)
(M V)
(S)
(N S I)

84. Tiene problemas específicos de habla, no dice bien algún sonido...
(N)
(A V)
(M V)
(S)
(N S I)

85. Tiene dificultades para pronunciar palabras complejas
(N)
(A V)
(M V)
(S)
(N S I)

86. Tiene una voz ronca
(N)
(A V)
(M V)
(S)
(N S I)

87. Tartamudea
(N)
(A V)
(M V)
(S)

(NSI)

88. Habla demasiado deprisa
(N)
(AV)
(MV)
(S)
(NSI)

89. Tiene un habla desordenada
(N)
(AV)
(MV)
(S)
(NSI)

90. Tiene dificultad para expresar que ha sucedido
(N)
(AV)
(MV)
(S)
(NSI)

91. Tiene dificultad para contar una historia en su orden temporal
(N)
(AV)
(MV)
(S)
(NSI)

92. Tiene dificultad para mantener una conversación

(N)
(A V)
(M V)
(S)
(N S I)

93. Tiene dificultad para adquirir habilidades de lectura
(N)
(A V)
(M V)
(S)
(N S I)

94. Tiene dificultades para entender lo que está leyendo
(N)
(A V)
(M V)
(S)
(N S I)

95. Tiene dificultades para leer un texto en voz alta
(N)
(A V)
(M V)
(S)
(N S I)

96. No le gusta leer
(N)
(A V)
(M V)
(S)

(NSI)

97. Inventa cosas cuando lee
(N)
(AV)
(MV)
(S)
(NSI)

98. Tiene dificultades para deletrear palabras
(N)
(AV)
(MV)
(S)
(NSI)

99. Tiene dificultades para decidir con que mano escribir
(N)
(AV)
(MV)
(S)
(NSI)

100. Tiene dificultades para realizar un escrito.
(N)
(AV)
(MV)
(S)
(NSI)

101. Tiene dificultades para adquirir las habilidades básicas de matemáticas

(N)
(A V)
(M V)
(S)
(N S I)

102. Tiene dificultades con los problemas de matemáticas formulados por escrito
(N)
(A V)
(M V)
(S)
(N S I)

103. Tiene dificultades para aplicar varias reglas para resolver cuentas matemáticas
(N)
(A V)
(M V)
(S)
(N S I)

104. Tiene dificultades para aprender la tabla de multiplicar
(N)
(A V)
(M V)
(S)
(N S I)

105. Tiene dificultades para el cálculo mental
(N)

(A V)
(M V)
(S)
(N S I)

106. Tiene dificultades para entender instrucciones
(N)
(A V)
(M V)
(S)
(N S I)

107. Tiene dificultades para entender o usar términos abstractos
(N)
(A V)
(M V)
(S)
(N S I)

108. Tiene dificultad para participar en conversaciones con gente de su misma edad
(N)
(A V)
(M V)
(S)
(N S I)

109. Tiene dificultades para aprender situaciones del medio ambiente
(N)
(A V)

(M V)
(S)
(N S I)

110. Tiene dificultades para planear y organizarse

(N)
(A V)
(M V)
(S)
(N S I)

111. Tiene dificultades para cambiar de planes o estrategias

(N)
(A V)
(M V)
(S)
(N S I)

112. Tiene dificultades para seguir las explicaciones de los adultos

(N)
(A V)
(M V)
(S)
(N S I)

113. Tiene dificultades para solucionar tareas abstractas

(N)
(A V)
(M V)
(S)
(N S I)

114. Tiene dificultad para completar tareas
(N)
(A V)
(M V)
(S)
(N S I)

115. No tiene motivación hacia el trabajo escolar
(N)
(A V)
(M V)
(S)
(N S I)

116. Es lento en situaciones de aprendizaje
(N)
(A V)
(M V)
(S)
(N S I)

117. Hace las cosas demasiado apresurado
(N)
(A V)
(M V)
(S)
(N S I)

118. No se responsabiliza de sus actos
(N)
(A V)

(M V)
(S)
(N S I)

119. Necesita del apoyo de los otros
(N)
(A V)
(M V)
(S)
(N S I)

120. No entiende las señales sociales de otras personas
(N)
(A V)
(M V)
(S)
(N S I)

121. Tiene dificultad para entender los sentimientos de otras personas
(N)
(A V)
(M V)
(S)
(N S I)

122. Tiene dificultad para tener en cuenta las necesidades de otras personas
(N)
(A V)
(M V)
(S)

(N S I)

123. Tiene dificultad para expresar emociones con palabras
(N)
(A V)
(M V)
(S)
(N S I)

124. Tiene una voz monótona o diferente a la que corresponde a su edad
(N)
(A V)
(M V)
(S)
(N S I)

125. Tiene dificultades para expresar con el lenguaje corporal sus propias emociones
(N)
(A V)
(M V)
(S)
(N S I)

126. Tiene un estilo pasado de moda
(N)
(A V)
(M V)
(S)
(N S I)

127. Se comporta de un modo diferente al que se espera por su edad

(N)

(A V)

(M V)

(S)

(N S I)

128. Tiene dificultades para saber cómo comportarse socialmente

(N)

(A V)

(M V)

(S)

(N S I)

129. Es percibido por los de su misma edad como raro o extraño

(N)

(A V)

(M V)

(S)

(N S I)

130. Hace el ridículo en público con facilidad

(N)

(A V)

(M V)

(S)

(N S I)

131. Parece no tener sentido común

(N)
(AV)
(MV)
(S)
(NSI)

132. Tiene poco sentido del humor

(N)
(AV)
(MV)
(S)
(NSI)

133. Dice cosas socialmente inapropiadas

(N)
(AV)
(MV)
(S)
(NSI)

134. Tiene dificultad para seguir las reglas

(N)
(AV)
(MV)
(S)
(NSI)

135. Se pelea con los de su edad

(N)
(AV)
(MV)
(S)

(N S I)

136. Tiene dificultad para entender o respetar los derechos de los otros
(N)
(A V)
(M V)
(S)
(N S I)

137. Tiene dificultad en actividades grupales, se inventa sus propias reglas
(N)
(A V)
(M V)
(S)
(N S I)

138. Tiene dificultad para encontrar amigos
(N)
(A V)
(M V)
(S)
(N S I)

139. Se relaciona poco con los de su misma edad
(N)
(A V)
(M V)
(S)
(N S I)

140. Tiene dificultad en los juegos de grupo

(N)

(A V)

(M V)

(S)

(N S I)

141. No es aceptado por lo demás en el juego

(N)

(A V)

(M V)

(S)

(N S I)

142. No está interesado por el contacto físico

(N)

(A V)

(M V)

(S)

(N S I)

143. Tiene poco interés en las cosas que le afectan

(N)

(A V)

(M V)

(S)

(N S I)

144. Repite frecuentemente cosas sin sentido

(N)

(A V)

(M V)

(S)
(N S I)

145. No le gustan o se enfada por pequeños cambios en la rutina
(N)
(A V)
(M V)
(S)
(N S I)

146. Tiene un punto de vista social diferente a los de su edad
(N)
(A V)
(M V)
(S)
(N S I)

147. Tiene una pobre confianza en sí mismo/a
(N)
(A V)
(M V)
(S)
(N S I)

148. Esta infeliz, deprimido, triste
(N)
(A V)
(M V)
(S)
(N S I)

149. Tiene sentimientos de soledad
(N)
(AV)
(MV)
(S)
(NSI)

150. Ha intentado infringirse daño corporal a si mismo
(N)
(AV)
(MV)
(S)
(NSI)

151. Tiene poco apetito habitualmente
(N)
(AV)
(MV)
(S)
(NSI)

152. Se siente inútil, sin valor
(N)
(AV)
(MV)
(S)
(NSI)

153. Se queja de dolor de cabeza, barriga etc.
(N)
(AV)
(MV)

(S)
(N S I)

154. Aparece tenso y preocupado habitualmente
(N)
(A V)
(M V)
(S)
(N S I)

155. Le preocupa salir de casa
(N)
(A V)
(M V)
(S)
(N S I)

156. Duerme menos que otros niños
(N)
(A V)
(M V)
(S)
(N S I)

157. Tiene pesadillas
(N)
(A V)
(M V)
(S)
(N S I)

158. Anda dormido, sonámbulo o tiene otros problemas en la noche
(N)
(AV)
(MV)
(S)
(NSI)

159. «Pierde los estribos» (se enfada fuertemente) con facilidad
(N)
(AV)
(MV)
(S)
(NSI)

160. Discute con los adultos
(N)
(AV)
(MV)
(S)
(NSI)

161. Se niega a seguir las instrucciones de los adultos
(N)
(AV)
(MV)
(S)
(NSI)

162. Molesta a otros
(N)

(A V)
(M V)
(S)
(N S I)

163. Frecuentemente culpa a otros de sus fallos
(N)
(A V)
(M V)
(S)
(N S I)

164. Frecuentemente desprecia, insulta o molesta a otros
(N)
(A V)
(M V)
(S)
(N S I)

165. Tiene frecuentes peleas
(N)
(A V)
(M V)
(S)
(N S I)

166. Es cruel con los animales
(N)
(A V)
(M V)
(S)
(N S I)

167. Miente y engaña
(N)
(AV)
(MV)
(S)
(NSI)

168. Roba cosas en casa
(N)
(AV)
(MV)
(S)
(NSI)

169. Frecuentemente destroza cosas de su familiares
(N)
(AV)
(MV)
(S)
(NSI)

170. Tiene episodios de actividad extremadamente alta
(N)
(AV)
(MV)
(S)
(NSI)

171. Tiene episodios recurrentes de irritabilidad
(N)
(AV)

(M V)
(S)
(N S I)

172. Repite compulsivamente ciertas actividades
(N)
(A V)
(M V)
(S)
(N S I)

173. Tiene obsesiones e ideas fijas
(N)
(A V)
(M V)
(S)
(N S I)

174. Tiene movimientos incontrolados y tics
(N)
(A V)
(M V)
(S)
(N S I)

175. Repite movimientos sin sentido
(N)
(A V)
(M V)
(S)
(N S I)

176. Emite sonidos sin motivo
(N)

(A V)
(M V)
(S)
(N S I)

177. Tiene dificultad para estar quieto
(N)
(A V)
(M V)
(S)
(N S I)

178. Repite palabras o parte de ellas
(N)
(A V)
(M V)
(S)
(N S I)

179. Usa palabras malsonantes de forma exagerada.
(N)
(A V)
(M V)
(S)
(N S I)

Consideraciones

1)   Las dificultades presentadas anteriormente interfieren y / o entorpecen en su aprendizaje:

No ( )

Sí ( )
No sé ( )

2) Las dificultades presentadas anteriormente interfieren y / o entorpecen su relación con otros niños, con los profesores, los funcionarios de la escuela y / o con sus familiares:

No ( )
Sí ( )
No sé ( )

Wender Utah Rating Scale (WURS) for TDAH

Que consta de 61 artículos y un subconjunto de 25 preguntas relacionadas con el diagnóstico de **TDAH**, la Escala de calificación de Wender Utah es un instrumento de auto informe diseñada para la evaluación dimensional retrospectiva del **TDAH** en la infancia para adultos y tiene sido ampliamente utilizada en este contexto. Según el último estudio también encontró que la escala puede utilizar adecuadamente para predecir los casos de Distimia, Trastorno de Oposición Desafiante, problemas en el trabajo escolar, Trastornos de Conducta y Trastornos de Ansiedad en adultos con **TDAH**. Con base en los criterios del DSM, la Escala de calificación de Wender Utah mide los síntomas de **TDAH** en adultos en siete categorías:

(a) Dificultades De Atención;
(b) Hiperactivo / Inquietud;
(c) Temperamento;
(d) Labilidad Afectiva;
(e) Hiperreactividad Emocional;
(f) Desorganización;
(g) Impulsividad;

Cómo Usar

Las 61 sentencias deberán ser respondidas por el adulto evaluado, considerando sus comportamientos durante la infancia (Cuando niño, yo era o tenía ...). Y a partir de sus conclusiones, señalar el valor referente a la opción de respuesta que mejor representa la condición de la persona evaluada.

1. Ni un poco o muy ligeramente = 0 puntos

2. Suavemente = 1 Punto

3. Moderadamente = 2 Puntos

4. Bastante = 3 Puntos

5. Mucho = 4 Puntos

Cuando niño, yo era (o tenía)

1. Activo, agitado y estaba siempre en movimiento

2. Tenía miedo de muchas cosas

3. Problemas de concentración, fácilmente distraído

4. Preocupación, ansiedad

5. Nervioso, inquieto

6. Desatento, "Soñaba Despierto"

7. Punto de ebullición, "baja o alta temperatura"

8. Tímido y sensible

9. Temperamento explosivo, accesos de rabia

10. Dificultad con la persistencia para conseguir terminar las cosas que comenzaba

11. Testarudo

12. Triste, infeliz o deprimido

13. Perverso y / o diabólico en los juegos

14. No apreciaba muchas cosas, insatisfecho con la vida

15. Rebelde, desobediente y atrevido con mis padres

16. Baja opinión sobre mí mismo

17. Irritable

18. Extrovertido y amigable en compañía de otras personas

19. Descuidado, desorganizado

20. Alto y bajo estado de ánimo

21. Bravo, valiente

22. Amigos populares

23. Bien organizado, ordenado

24. Actuar de forma impulsiva, sin pensar

25. Tendencia a ser inmaduro

26. Sentimientos de culpa, de arrepentimiento

27. Perdí el control de mí mismo

28. Tendencia a ser o actuar de manera irracional

29. Impopular con otros niños no mantuvo amigos por mucho tiempo no se llevaba bien con otros niños

30. Sin coordinación motora, no participaba de deportes

31. Miedo a perder control

32. Buena coordinación motora, era el primero en ser elegido para los juegos

33. Shameless (sólo para mujeres)

34. Había huido de casa

35. Involucrado en peleas

36. Molestando a otros niños

37. Líder, mandón

38. Dificultad para despertarse

39. Seguidor, demasiado orientado

40. Dificultad para ver las cosas desde el punto de vista de otra persona

41. Problemas con las autoridades. En la escuela estaba siempre en la oficina del director

42. Problemas con la policía

Problemas médicos cuando es niño

43. Dolores De Cabeza

44. Dolores De Estómago

45. Presión De Vientre

46. Diarrea

47. Algunas Alergias Alimentarias

48. Otras Alergias

49. Enuresis

Cuando niño, en la escuela yo era (o tenía)

50. En general, un alumno mediano

51 En general, un estudiante pobre, con el aprendizaje lento

52 Se tardó en empezar a leer

53 Lector lento

54 Dificultad para cambiar las letras

55 Problemas con la ortografía

56 Problemas con matemática y / o números

57 Caligrafía mala

58 Capaz de leer bien, pero nunca me ha gustado mucho leer.

59 No alcanzaba mi potencial esperado

60. Notas bajas repetidas

61. Suspenso o expulsado

25 Cuestiones relacionadas con el TDAH

3. Problemas de concentración, fácilmente distraído

4. Preocupaciones, ansiedad

5. Nervioso, inquieto

6. Desatento, "Soñaba Despierto"

7. Punto de ebullición, "baja o alta temperatura"

9. Temperamento explosivo, accesos de rabia

10. Dificultad con la persistencia para conseguir terminar las cosas que comenzaba

11. Terco y obstinado

12. Triste, infeliz o deprimido

15. Rebelde, desobediente y atrevido con mis padres

16. Baja opinión sobre mí mismo

17. Irritable

20. Cambios de humor, subidas y bajadas en el temperamento

21. Bravo, valiente

24. Actuando de forma impulsiva, sin pensar

25. Tendencia a ser inmaduro

26. Sentimientos de culpa, de arrepentimiento

27. Perdiendo el control de mí mismo

28. Tendencia a ser o actuar de manera irracional

29. Impopular con otros niños no mantuvo amigos por mucho tiempo no se llevaba bien con otros niños

40. Dificultad para ver las cosas desde el punto de vista de otra persona

41. Problemas con las autoridades. En la escuela estaba siempre en la oficina del director

Cuando niño, en la escuela yo era (o tenía)

51. En general, un estudiante pobre, con el aprendizaje lento

56. Problemas con matemática y / o números

59. No alcanzaba mi potencial esperado

Cómo Evaluar

La suma de las 25 preguntas relacionadas con el **TDAH** se utiliza para calcular una puntuación resumida del **TDAH**. Porque la escala de evaluación de Wender Utah no clasifica por separado los subtipos de **TDAH** (especificadores de presentación), la puntuación resumida del **TDAH** no se puede integrar a otras subtipos de puntuación.

El suscriptor de WURS = _____ (suma de las 25 preguntas relacionadas con el **TDAH**)

Una puntuación menor que 50 indica que los síntomas de **TDAH** no son consistentes con un diagnóstico positivo para la dificultad de atención.

Una puntuación mayor o igual a 50 indica que los síntomas de **TDAH** son consistentes con un diagnóstico positivo para la dificultad de atención.

La puntuación resumida aumenta a medida que aumenta la gravedad de las respuestas de **TDAH**. La puntuación sumaria, por lo tanto, se calcula sumando las respuestas el valor obtenido con las 25 preguntas relacionadas al **TDAH** y usando un punto de corte de 46.

DURANTE MEDIADOS de 2005, mientras yo concluía la 1ª Edición del libro, **Yo y Mi Amigo DDA – Autobiografía de un portador del Trastorno por Déficit de Atención con Hiperactividad**. Después de pasar un largo período dedicado a las investigaciones, intercambio de informaciones constantes con estudiosos y otros portadores del disturbio – además de la experiencia empírica y sensorial de mi propia vivencia con el trastorno – conseguí reunir las 75 (setenta y cinco) características cognitivas y comportamentales más comunes observadas entre los diferentes subtipos del **TDAH**:

1. Tendencia a aumentar la proporción de un problema. Por pequeño que sea, puede ser capaz de consumirle por horas, días o incluso meses.

2. Aunque no se le da a las mentiras, le encanta incrementar los relatos, poniendo más emoción en las historias antes de contarlas.

3. Es capaz de, en un solo día, experimentar las más extremas oscilaciones de humor. Podría despertarse triste, y en el correr del día, algo inexplicable o incluso banal reavivar su entusiasmo.

4. Generalmente es intenso.

5. Es impulsivo en las actitudes y / o en las conversaciones.

6. Perfeccionista. Como una especie de defensa ante las críticas, o para encubrir algunos rasgos de baja autoestima.

7. Siente que le gusta más que los demás de oír elogios, como si los necesitase.

8. Cambia constantemente de tema durante las conversaciones. Casi siempre, mientras están hablando de algo, ya está impaciente por dentro, queriendo pasar inmediatamente a otro asunto.

9. Dificultad para seguir una sola línea de raciocinio. Es capaz de pensar en varias cosas simultáneamente.

10. Ama intensamente la vida.

11. Fue el payaso, transgresor o el líder de grupos en las escuelas.

12. Al notar a alguien triste, intenta rápidamente encontrar fórmulas para agradarla.

13. Tendencia a la distracción. Dificultad para sostener la atención durante mucho tiempo en una misma tarea.

14. Anticipa futuros diálogos pensamientos. Creando preguntas y / o ya articulando respuestas.

15. Dejar las cosas, ideas y / o proyectos sin terminar.

16. Es extremista. Se puede decir que es ocho o ochenta.

17. Siente tener muchos momentos de inspiración.

18. Detesta arrogancia e injusticia.

19. Normalmente, tiene buen dominio sobre asuntos que le interesan.

20. Tiene concentración selectiva (mucha o poca concentración): si algo no le interesa, por ejemplo, se pierde en el medio del párrafo de un texto o en una escena de novela sumergida en sus devaneos. Sin embargo, cuando lo contrario ocurre, es capaz de involucrarse de tal manera dentro de los libros o películas, como si formara parte de ellos.

21. Sueña constantemente despierto. Muchas veces, se entretiene tanto con los devaneos que se distrae en el momento real.

22. Es muy olvidado. Normalmente tiene dificultades para registrar nombres, fechas, teléfonos y citas.

23. Dificultad de organización.

24. Él tenía apodos o ellos tienen tales como: desordenado, desorganizado, grosero, tonto, empollón, exagerada, olvidado off "marciano" o perezoso.

25. No es incomprendido o mal interpretado. Aunque esto sucede a menudo.

26. Necesita contener para no escribir tantas exclamaciones o reticencias como quisiera hacerlo en los teclados del ordenador mientras escribe.

27. 26, 27 o 28? Siente esto, a veces, por perderse fácilmente en ordenación y / o secuencia numérica.

28. Manía de explicar las cosas con precisión de detalles, y de modo minucioso. Se vuelve verboso varias veces.

29. Al ser cuestionado sobre algo en el que posea pleno conocimiento queda con dificultad en iniciar la explicación. Si el cuestionamiento acerca de lo que es el **TDAH**, por ejemplo, y tiene un amplio conocimiento, no saben cómo o dónde empezar a explicar. Se queda tan agonizado para exteriorizar todo en total plenitud que muchas veces no logra expresar con exactitud todo lo que sabe.

30. Siente que necesita ser cobrado, recordado y apoyado constantemente para hacer algo que se debe hacer.

31. A menudo le gusta la emoción y las aventuras: velocidad en el coche, actividades inusitadas, deportes extremos, etc.

32. Oscila entre fases de hipo-sexualidad y híper-sexualidad.

33. El odio siguientes órdenes, reglas y / o regulaciones. O no las sigue, involuntariamente. Generalmente no usa el cinturón de seguridad.

34. Es inmediatista. Vive intensamente el ahora.

35. Siempre está haciendo muchas cosas al mismo tiempo.

36. Hay días en que se siente impotente, débil, inútil, incapaz. Sin embargo, en otros, se siente capaz de conquistar y / o realizar cualquier cosa.

37. Tiene una enorme dificultad para decir "no".

38. Siente desorden mental, como una especie de confusión interna. Piensa en un torbellino de cosas e ideas inconexas simultáneamente.

39. Dificultad para tomar el sueño. A menudo, pasa una película en la cabeza antes de dormirse. Normalmente tiene insomnio y lleva problemas a la cama. Por eso, comúnmente, ya despierta indispuesto y / o cansado.

40. Crea pensamientos secuenciados, como, por ejemplo, al ver una caja de fósforos, imagina el palillo encendido, ya ligando la boca de una estufa.

41. Muchas veces tiene ideas geniales. Pero luego las olvida, o la incertidumbre lo hace desacreditar. Por eso, muchos deseos quedan restringidos a simples voluntades.

42. Posee extrema dificultad para mantenerse paciente en filas y / o en situaciones que demandan largo tiempo de espera.

43. Dificultad (no imposibilidad) en ser fiel en las relaciones. Sin embargo, muchas veces cuando traiciona, hace sólo por emoción, aventura, fuga de la rutina o por gustar de oír nuevos elogios.

44. Tiene intolerancia en diálogos aburridos, conversaciones sobre asuntos que desconocen y lugares monótonos y / o tediosos.

45. Anticipa las respuestas de los demás, si ellos siguen un ritmo lento y diferente de su raciocinio.

46. Oscila entre fases casi compulsivas y otras de desinterés por comida, sexo y / o compras.

47. Siente que, en varias ocasiones, las palabras simplemente salen sin que pueda evaluar antes sus consecuencias. Por eso,

constantemente hace comentarios inapropiados y / o termina siendo indelicado por ser sincero demasiado.

48.   Sufre al agredir verbalmente a alguien o se arrepiente en dejar alguna persona sin gracia con sus tiradas inadecuadas.

49.   Tiene grandes respuestas y buena presencia de espíritu.

50.   Normalmente es relajado. Pero como su humor es inestable, a veces, sólo está reservado en su mundo.

51.   La inmensa dificultad en aceptar a las personas como ellas son, lo que lo hace cobrar mucho de los demás.

52.   Con ansias de hablar algo, a la velocidad de su agitación mental, acaba creando palabras que no existen, frases incompletas o comete errores grotescos en la pronunciación.

53.   Adora ser probado, incitado y / o desafiado.

54.   Deja cosas importantes para la última hora.

55.   Apatía después de la realización de algún proyecto.

56.   De manera involuntaria, su mente siempre busca algo para ocuparse, como problemas, metas, planes, ideas.

57. Normalmente es vibrante, tiene una gran energía y un buen astral. Muchas personas buscan su compañía, porque pasa cosas buenas y no dudan agradar a todos.

58. Nota ser una persona diferente y poco común. Percibe que muchos se acuerdan de usted, incluso después de años.

59. Posee algún tipo de vicio: café, chocolate, Coca-Cola, cigarrillo, alcohol, cocaína, marihuana, etc.

60. Dificultad para continuar algo con la misma emoción con que empezó.

61. Cuando está en una fase más agitada, entusiasmado con algo, dormir causa una extraña sensación de pérdida de tiempo.

62. Independiente del resultado, siempre cree que lo que ya se ha hecho, podría haber quedado aún mejor.

63. Problema de autoestima, no sólo a los aspectos físicos, sino principalmente, en cuanto a su propia capacidad.

64. Generalmente, lleva traumas de la vida académica. Tal vez por eso, sufra más, con críticas ligadas al intelecto.

65. Dificultad de permanecer quieto. Esta impaciencia lo hace experimentar casi todas las posiciones posibles cuando está sentado.

66. No ahorra elogios a los demás.

67. Le gusta compartir su alegría.

68. Siente tener una fuerte intuición.

69. Siempre se sintió diferente y / o inusual.

70. A veces, tiene la creíble impresión que sabe exactamente lo que otras personas piensan y / o sienten.

71. Normalmente es servicial y generoso.

72. Cuida que todos se sientan cómodos cuando estén a su lado.

73. A veces, desfila tan aéreo por las calles que tiene la extraña impresión de ser la única persona existente en el mundo.

74. Cuando va a leer algo, normalmente sólo pasa el ojo, y quita la conclusión superficial como si hubiera entendido todo.

75. Por mayor que domine un asunto con amplia propiedad, siempre cree que otros deben saber más.